KB212300

# 창조주 하나님의 실존

한상수 지음

하나님의 사람을 **엘맨** 만들어 가는 ELMAN

# 창조주 하나님의 실존

초판 1쇄    2024년 1월 31일
지은이      한상수
펴낸이      이규종
펴낸곳      엘맨출판사
등록번호    제13-1562호(1985.10.29.)
등록된곳    서울시 마포구 토정로 222
           한국출판콘텐츠센터 422-3
전화        (02) 323-4060, 6401-7004
팩스        (02) 323-6416
이메일      elman1985@hanmail.net
           www.elman.kr

ISBN       978-89-5515-750-5

값 16,000 원

# 창조주 하나님의 실존

한상수 지음

하나님의 사람을 만들어 가는  엘맨 ELMAN

# 차례

# 서문

　인간이 살아가는 세상에는 참과 거짓, 진실과 허위, 진짜와 가짜, 진리와 비진리, 참 신(神)과 거짓 신(神), 빛과 어둠이 혼재되어 있다. 그렇다 보니 어느 것이 참이고 거짓이며, 어느 것이 진리이고 비 진리인지 혼란을 주어 기독교인들의 영적인 신앙생활뿐 아니라 사회생활에도 심각한 피해를 주고 있다. 이에 따라 참된 신앙생활이란 무엇인지, 참된 신(神)의 존재란 무엇인지 논하고자 본서를 집필하게 되었다.

　세상에는 사실과 진실을 전하는 뉴스가 있는가 하면, 사람들을 속이고 현혹하기 위해 꾸며서 보도하는 거짓 뉴스, 가짜 뉴스도 넘쳐나고 있다.

　그런데 아이러니한 것은 거짓 뉴스, 가짜 뉴스일수록 사람들이 쉽게 현혹되고 매력을 느낀다는 것이다. 이것을 아는 사람들이 돈벌이를 위해 거짓 뉴스와 가짜 뉴스를 만들어 퍼트리기도 한다. 그러다 보니 전 세계 수많은 사람이 즐겨보는 뉴미디어, SNS(Social Network Service)나 YouTube에도 거짓 뉴스와 가짜 뉴스가 난무하고 있다.

　심지어 참 신(神)과 진리의 복음이 전파되어야 할 성스러운 기독교 내에서 조차 많은 성도들이 참과 거짓, 진짜와 가짜, 진리와 비진리, 참 교회와 사이비교회, 참 목자와 거짓 목자를 분별하지 못하고 미혹되어 파멸의 길로 가는 경우가 허다하다.

세상을 살아가면서 올바른 분별력과 판단력, 진리(眞理)의 가치관이 정립되지 않으면 사실과 거짓, 진짜와 가짜, 진리와 비진리, 참 신(神)과 거짓 신(神)을 분별하지 못하여 종교적으로 이단 사이비나 비진리에 미혹당하기가 쉽다.

본서에서는 '하나님'을 지칭할 때, 대부분 『창조주 하나님』으로 표기했다. 이유는 온 우주 공간에서 우주와 만물을 창조하신 하나님만 참 신(神)이시기 때문이다. 지구촌의 수많은 사람들이 섬기는 우상의 신(神)들은 절대로 창조주가 아니기 때문에 하나님(신)이 될 수 없다.

성경에 기록하고 계시한 신(神)은 오직 전능하신 창조주 하나님 한 분 뿐이시다. 그분만이 우주와 만물을 창조하셨고, 우주와 만물의 모든 생명을 주관하시며, 다스리시며, 지배하시는 천상천하에 유일무이(唯一無二)한 하나님(신)이심을 선포한다. 그러므로 우주와 만물을 창조하지 않은 신을 섬기는 사람들은 깊이 깨닫고 속히 창조주 하나님을 만나기를 바란다. 창조주 하나님은 누구에 의해 존재하는 신이 아니시다. 누구에 의해 존재하는 신은 절대로 신(神)이 될 수 없다.

뿐만 아니라, 신흥 종파나 사이비 종파에 의해 만들어진 교주(敎主)를 '하나님'이라는 호칭으로 가르치고 믿는 단체가 있다. 그가 신흥 종파의 교주일지는 몰라도 기독교에서 가르치고 믿는 전능하신 창조주 하나님이 아니라는 것을 밝히고 구별하기 위해, 또 기독교에서 가르치는 예수 그리스도만이 우주와 만물을 창조하신 전능하신 창조주 하나님이심을 밝히기 위해 '창조주 하나님'이라고 표기를 하는 것이다.

기독교인들이 믿는 창조주 하나님은, 세상의 이단 종교나 신흥 종파의 교주들과는 절대로 비교할 수 없는 천상천하(天上天下) 유일무이(唯一無二)한 절대자 스스로 존재하시는 신(神)이시기에 '창조주 하나님'이라는 호칭으로 표기한다.

신앙생활을 하면서 영적인 지식과 판단력과 분별력이 없는 사람들은 어둠의 영, 사탄, 마귀, 귀신 또는 사람들에게 미혹되어 속기도 하고 속이기도 한다.

창조주 하나님을 믿는 사람들의 진리에 대한 지식의 수준과 진리에 대해 이해하는 수준이 올바른 수준인지, 창조주 하나님에 대한 가르침을 받고 믿는 것이 성경적인지, 그 신앙의 척도를 스스로가 살펴보고 판단하고 점검해 보도록 하려고 심혈을 기울여 본서를 저술하게 되었다.

예수 그리스도를 믿는 그리스도인들이 진리(眞理)에 대한 지식의 수준과 가르침이 성경적이라는 주장과 판단은 매우 주관적(主觀的)이고 편향적일 수밖에 없다.

성경을 읽고 연구하고 배우는 사람들은 성경을 가르치는 사람들이 진리에 대해 확실하게 영적으로 깨달은 지도자인지 분별할 수 있어야 한다.

왜냐하면 성경을 한번 잘못 배우면 성경에 대한 지식을 판단하고 분별하는 안목이 없어질 뿐만 아니라, 성경에 대해 편향적으로 이해하고 판단하게 되어 결국 파멸의 길로 가게 되기 때문이다.

성경에 대해 잘못 가르침을 받고 잘못 이해하고 잘못 해석하면, 하나님의 심판대 앞에 가서 잘못 믿은 것에 대해 변명하고 후회한들 그때는 이미 돌이킬 수 없게 된다는 것을 깨닫기 바란다. 이 말은 굉장히 중요한 말이다.

그러므로 본서는 창조주 하나님의 존재와 실존에 대해 성경적으로 밝히는 데 노력을 기울였으며, 평신도들이 올바른 성경 지식을 토대로 신앙생활 할 수 있도록 도움을 주고자 집필하였으며, 또한 사역자들이 목회 현장이나 사역의 현장에서 활용할 수 있도록 내용을 집필하였다.

루터가 거대한 가톨릭의 그릇됨에 항거하여 개혁의 기치를 들었던 심정으로 이 글을 썼다. 본서가 출간되기까지 곁에서 목회에 도움을 준 박금영 사모와 인천영광교회 성도들과 본서의 추천서 글을 주신 David K. Bernard, 국제 총회장님과, 강문종 총회장님께 감사드리며, 본서가 출간되기까지 기도로 동참해 주시고 물심양면으로 도움을 주신 모든 분들께도 심심한 감사의 마음을 전한다.

# 추천인의 글

David K. Bernard, D.Th, J.D,

General Superintendent

I am grateful to Pastor Sang-soo Han, for writing about a crucial topic that Christians of this generation, should have a deep knowledge of, "The Existence of God the Creator."

In the Bible, when God created humans, He gave them reason and conscience to not only think of God but also seek and believe in God. The Scripture testifies that there is only one God, the Creator.

Genesis 1:1 says, "In the beginning God created the

heaven and the earth." Genesis introduces God as the creator of all things in the universe. The 66 books of the Bible prove that God exists.

The Bible fundamentally acknowledges His existence.

We accept the existence of God by faith, but it is not a "blind faith", but a rational and logical faith. Why is there something rather than nothing? When you ask that question, the most rational answer is God. Through human reason, conscience, and experience, we can affirm the existence of God. When we know that God is real, it becomes our responsibility to trust and obey Him. Through Him, we are saved from sin and promised eternal life.

Thus, as 1 Peter 3:15 says, "But sanctify the Lord God in your hearts: and be ready always to give an answer to every man that asketh you a reason of the hope that is in you with meekness and fear." According to Apostle Peter, we must study the Scripture so that we can explain our beliefs and hopes to others.

I appreciate studies such as this book that can help the reader to realize, understand, and experience the existence of God (essence, attributes, character, and personality) and can be beneficial to their spiritual lives.

"창조주 하나님의 실존"

오늘 우리 시대의 그리스도인들이 인지해야 할 가장 중요한 주제로 책을 출간해 주신 한상수 목사님께 감사를 드린다.

성경에 창조주 하나님은 인간을 창조하실 때 인간에게 주신 이성과 양심을 통해 창조주 하나님을 생각하게 하실 뿐만 아니라 창조주 하나님을 찾고 믿게 하셨다. 성경은 창조주 하나님은 한 분이심을 증거하고 있다.

창세기 1:1절에 "태초에 하나님이 천지를 창조하시니라"

성경 66권은 창조주 하나님께서 우주와 만물의 창조주로 존재하신다는 것을 증명한다. 성경은 그분의 존재를 근본적으로 인정한다.

우리는 믿음으로 하나님의 존재를 받아들이지만, 그것은 맹목적인 믿음이 아니라 합리적이며 논리적인 믿음이다. 왜 아무것도 없는 것이 아니라 뭔가 있는 것이냐? 고 물을 때, 가장 합리적인 대답은 하나님이시다.

인간의 이성과 양심과 경험을 통해 우리는 신(GOD)의 존재를 확인할 수 있다. 창조주 하나님이 실존하신다는 것을 알면, 그분을 믿고 순종하는 것이 우리의 책임이 된다. 그분을 통해 우리는 죄로부터 구원을 받고 영생을 약속 받는다.

그렇다면 우리는 베드로전서 3장 15절의 말씀과 같이 "너희 마음에 그리스도를 주로 삼아 거룩하게 하고 너희 속에 있는 소망에 관한 이유를 묻는 자에게는 대답할 것을 항상 준비하되 온유와 두려움으로 하고" 사도 베드로의 말씀대로 우리의 믿음과 소망을 다른 사람들에게 설명할 수 있도록 연구해야 한다.

이 책은 독자가 하나님의 실존(본질, 속성, 성품, 성격)을 깨닫고, 이해하고, 경험하며 그리고 그들의 영적인 신앙생활에 큰 도움을 줄 수 있는 신앙의 서적이라 믿어 추천한다.

# 추천인의 글

강문종 목사, Ph.D.
현, 광명광산교회담임
현, UPCK 교단총회장
현, 서울한영대학교 교수
현, GOOD T.V 칼럼리스트

오늘 이 시대를 불확실성 시대라고 한다.

수많은 학자들이 미래의 불확실성을 예고하였다.

뿐만 아니라 이 시대는 도전 받는 시대라 할 수 있다.

기성세대는 신세대에게 도전받고, 과학과 기술 문명도, 새로운 과학과 기술 문명에 계속 도전 받아 세계는 엄청나게 변화하고 있다.

바야흐로 세계는 AI에게도 도전을 받고 있다.

지구촌의 종교의 영적인 세계도 유신론(有神論)이 무신론(無神論)에 도전을 받고, 유일신(唯一神)이 다신론(多神論)에 도전을 받고 있다.

기독교의 교회도 아주 오래전부터 진리의 복음이 비진리와, 거짓 복음에 도전받아 오고 있다. 이미 기독교 교회 안에는 진리와 비진리를 분별하지 못해 사이비 이단에 현혹되고 미혹되어 참과 거짓, 진리와 비진리를 분별하지 못한 채 허황되고 망령된 멸망의 길로 가는 사람들로 넘쳐나고 있다.

뿐만 아니라 지구촌에는 실존하시는 창조주 하나님이 진화론, 무신론, 다원주의, 세속주의, 등의 수많은 도전으로 창조주 하나님이 무시되고 변질되고 도전받고 있다.

고대 애굽 · 앗수르 · 바벨론 · 로마와 같은 시대에도 실존하시는 창조주 하나님께서 도전받는 불신 세계가 존재 했었다.

21세기에 도전하는 거대한 불신앙과, 향락주의, 인본주의, 종교다원화, 물질만능주의를 차단하고 창조주 하나님의 실존과 살아계신 하나님의 생생한 음성으로 불신 세계에 실존하시는 주님의 변증과 살아 역사하시는 창조주 하나님의 실존을 출간하신 한상수 목사님께 깊은 감사를 드리며 이 책이 하나님의 실존을 상실해가는 이 시대에 다시 실존해 계시는 하나님을 생각하며 살아계신 주님을 만나 주님의 귀한 음성으로 울리기를 기원한다.

# 제1강

## 창조주 하나님의 실존
### (창 1:1)

# 제1강

# 창조주 하나님의 실존 (창 1:1)

철학자 르네 데카르트(Rene Descartes)는 "나는 생각한다. 고로 나는 존재한다(I think, therefore I am)."라는 유명한 말을 남겼다. 데카르트의 말이 아니더라도 인간은 생각하는 존재가 아니겠는가?

살아가면서 누구나 문득문득 존재에 대한 철학적 생각을 한다. 인간의 존재는 무엇일까? 인간은 어디서 왔을까? 인간은 왜 살까? 인간은 어디로 갈까? 지구는 어떻게 생겨났을까? 하늘의 시작과 끝은 어디인가? 창조주 하나님이 계신다면 창조주 하나님의 존재는 어떻게 생겼을까? 사후의 세계는 어떨까? 간혹 이런 생각들이 머물다 떠난다.

인간에게 생각을 주는 주체는 누굴까? 인간에게는 선한 생각도 악한 생각도 머물다 떠난다.

당신은 세상에 살아가면서 창조주 하나님의 존재와 실존에 대해 단 한 번이라도 관심을 가지고 깊이 생각해 본 적이 있는가? 아니면, 당신이 살고 있는 우주 만물은 어떻게 생겨났을까 생각해본 적이 있는가?

성경의 가르침은 우주와 만물과 인간 세계는 창조주 하나님께서 모든 것을 다 창조하셨다고 가르치고 있다. 그럼에도 불구하고 피조물 중에 으뜸인 인간들조차 창조주 하나님을 의식하지 않고, 생각하지 않고 살아간다는 것은 대단히 어리석은 모순이라 생각지 않는가?

피조물 중에 가장 으뜸인 인간이 조금만 관심을 가지고 우주와 만물과 인간 세계를 살펴본다면 창조주께서 실존해 계신다는 것을 깨닫고 찾을 수 있을 것이다. 그런데 이 땅에 살다 돌아올 수 없는 길을 떠나는 수많은 사람들은 전혀 관심 없이 생각 없이 세상을 살다 떠난다.

인간들이 살아가는 우주 공간에는 인간의 육의 눈으로 볼 수 있는 사물도 있지만, 육의 눈으로는 절대로 볼 수 없는 사물들도 수없이 존재한다.

특별히 영적(靈的) 세계의 창조주 하나님, 천사장, 천사, 사탄, 마귀, 귀신의 존재도 사실은 인간의 육의 눈으로는 절대로 볼 수가 없다.

성경의 창조주 하나님은 우주 만물을 창조하시기 전까지는 감춰져 계셨기 때문에 베일에 싸인 신비이며, 비밀이었다.

그 감춰져 계셨던 창조주 하나님께서 창조라는 위대한 역사(役事)를 통해 자신의 존재와 실체를 드러내시기 시작한 것이 바로 창조 사건이다. 만약 창조 사건이 없었다면 창조주 하나님의 실체와 존재는 영원 속에 감춰져 있었을 것이다.

그 영원 속에 감춰계셨던 위대하신 그분께서 창조라는 사건을 통해서 하나님 자신의 존재와 속성, 성품, 성격을 드러내셨다.

그러므로 창조 사건은 마치 연극 무대의 막이 열린 것과 같다 할 수 있다.

연극을 보러온 사람들이 연극 무대가 열리기 전까지는 어떤 내용이 연출될지 전혀 알 수 없는 것과 같다. 스스로 존재하시는 창조주 하나님은 창조라는 사건을 통해 인간 세상에 하나님 자신의 실존을 드러내기는 하셨지만, 영(靈)으로 실존해 계시는 창조주 하나님의 본체에 대해서는 완전하게 계시하신 것이 아니기 때문에 하나님의 본체는 여전히 비밀이다.

인간 세상에서 창조주 하나님의 본체를 본 사람은 아무도 없기 때문에 누군가 하나님의 존재에 대해 가르친다는 것은 자칫 인간의 이론과 인간의 지식과 인간의 철학과 인간의 신학으로 하나님을 가르치는 것이 되므로 하나님에 대해 변질된 복음, 거짓 복음을 가르치는 실수를 범할 수도 있다는 것을 명심해야 한다.

변질된 복음, 거짓 복음을 배우고 가르치는 것은 스스로 자신을 속이고, 다른 사람들을 속이는 행위다. 그러므로 성경을 가르치는 위치에 있는 사람들은 자신이 믿고 깨달은 복음이 진리인지, 성경적인지, 부단히 진단하고 살펴보고 확인해야 한다.

성경을 가르치는 지도자가 혹시 성경을 잘못 가르친 것이 확인되면 언제든지 수정하고 교정할 자세를 가져야 한다. 왜냐하면 인간은 아무리 지혜롭고 지식이 충만하고 위대하다 해도 창조주 하나님께서 보시기에는 불완전한 존재이기 때문이다. 그래서 필자는 언제나 필자가 가르친 내용에 대해 잘못이 드러나면 언제든지 수정하고 교정할 자세를 취하고 있다.

창조주 하나님의 존재와 실존에 대해 정확히 모르면서 가르치는 것은 소경이 소경을 인도하는 것과 같다.

그래서 야고보서 3장 1절에서 "내 형제들아 너희는 선생 된 우리가 더 큰 심판을 받을 줄 알고 선생이 많이 되지 말라"라고 한 것은 가르치는 위치에 있는 사람들이 무한대의 책임을 져야 함을 경고하는 말씀이다.

뿐만 아니라 베드로는 가르침을 받는 사람들에 대해서도 주의를 주고 있다.

"그러나 백성 가운데 또한 거짓 선지자들이 일어났었나니 이와 같이 너희 중에도 거짓 선생들이 있으리라 그들은 멸망하게 할 이단을 가만히 끌어들여 자기들을 사신 주를 부인하고 임박한 멸망을 스스로 취하는 자들이라" (벧후 2:1)

영적 세계에 실존해 계시는 창조주 하나님은 인간 세계에 하나님 자신에 대해 계시하실 때 자연 계시라는 매개체를 통해 계시하기도 하셨고, 특별 계시인 선지자들을 통해 성경을 기록하게 하심으로써 성경을 통해 창조주 하나님께서 어떤 분이신지 세밀하게 계시하게 하셨다.

그러므로 육신의 몸을 입고 있는 인간들은 영적 세계에 실존해 계시는 창조주 하나님의 본체에 대해 성경의 기록이 아니고는 자세히 알기가 어렵다.

그러나 육신의 몸을 입고 있는 인간들과 달리 영적 세계에 존재하는 영체들은 창조주 하나님에 대한 분명한 지식을 가지고 있다.

"네가 하나님은 한 분이신 줄을 믿느냐 잘 하는도다 귀신들도 믿고 떠느니라" (약 2:19)

"나사렛 예수여 우리가 당신과 무슨 상관이 있나이까 우리를 멸하러 왔나이까 나는 당신이 누구인 줄 아노니 하나님의 거룩한 자니이다" (막 1:24)

"예수께서 각종 병든 많은 사람을 고치시며 많은 귀신을 내어 쫓으시되 귀신이 자기를 알므로 그 말하는 것을 허락지 아니하시니라" (막 1:34)

"회당에 더러운 귀신 들린 사람이 있어 크게 소리 질러 이르되 '아 나사렛 예수여, 우리가 당신과 무슨 상관이 있나이까? 우리를 멸하러 왔나이까? 나는 당신이 누구인 줄 아노니, 하나님의 거룩한 자니이다." (눅 4:33-34)

"악귀가 대답하여 이르되, 내가 예수도 알고 바울도 알거니와 너희는 누구냐 하며" (행 19:15)

여기서 '안다'라는 말은 헬라어 원어 성경에 '에이도(εἴδω)'로, '보다, 알다, 경험하다, 지각하다, 인지하다'라는 뜻이 있다.

영적 세계의 창조주 하나님을 대적하는 사탄, 마귀, 귀신, 영체들은 창조주 하나님께서 누구신지 지식적으로는 잘 알고 있다. 그러나 지식적으로 잘 아는 것과 신앙으로 믿는 믿음은 별개다.

사람들이 창조주 하나님에 대해 잘못 가르침을 받으면, 왜곡된 사상과 왜곡된 믿음과 왜곡된 신앙과 왜곡된 종교관이 형성되어 결국 멸망과 패망의 길을 가게 된다.

그러므로 우주와 만물을 창조하신 절대자 유일신 창조주 하나님을 지식적으로 바로 알고 바로 믿는 것이 얼마나 큰 은혜이며 축복인지 깨달아야 한다.

따라서 본서는 감춰져 보이지 않는 창조주 하나님의 본체, 하나님의 실존, 하나님의 존재, 하나님의 성품에 대해 드러내고자 한다.

우주와 만물을 창조하시고, 다스리시고, 통치하시는 '그분'을 표현하는 지구촌 인간의 문자나 언어는 제각기 다르다.

우리 한글로는 우주와 만물을 창조하신 그분을 '하나님'이라 칭한다. '하나님'이라는 우리말을 풀이하면 '하나밖에 없는 님'으로 해석할 수 있다.

따라서 한글로 '하나님'이라는 말은 지구촌의 그 어떤 문자나 언어보다 창조주 하나님에 대해 가장 정확하고, 확실하고, 분명하게 표현하는 호칭이 아닐까 생각한다.

한글은 1446년에 세종대왕이 창제하여 세상에 반포한 글자이지만, 세상의 그 어떤 문자나 언어보다 우수하다 할 수 있다. 그렇게 창제한 한글로 개신교 그리스도인들이 창조주 그분을 '하나님'이라 표현하는 것을 굳이 천주교나 비기독교인들은 '하느님'이라 하는데, '하느님'은 하늘(heavens)에 있는 모든 신(神)들을 지칭하는 표현으로 절대자 창조주 하나님을 대신할 수 없는 호칭이라 할 수 있다.

그러므로 그리스도인들은 창조주 하나님을 지칭할 때 반드시 '홀로 한 분이신' '하나님'이라는 호칭을 사용하는 것이 가장 성경적이라는 것을 깨달아야 한다.

우리 한글로 '하나님'은 우주와 만물을 창조하신 창조주를 지칭하는 대명사이다. 그런데 한국의 기독교에서 창조주를 지칭하는 '하나님'이라는 존칭을, 한국의 신흥 종교의 교주들이 자신들도 하나님이라고 가르치는 단체들이 많이 있어서 기독교인들과 비기독교인들을 혼란케 하고 있다.

비록 한국만 그런게 아니라 전 세계적으로 수 천 년 동안 자칭 하나님이라는 교주들이 얼마나 많이 나타났다가 사라졌는가?

물론 한글로 '하나님'이라는 단어를 기독교에서만 사용할 수 있도록 특허를 낸 것은 아니지만, 한국의 신흥 교파로 과거에는 '안상홍 증인회'라는 간판을 사용했던 단체가 어느 날 '하나님의 교회'라는 간판을 사용하면서 많은 기독교인들과 비기독교인들을 혼란케 하는 것은 안타까운 일이다.

한국 기독교에서 전매특허처럼 사용하는 '하나님'이라는 용어를 '안상홍 증인회'가 도용하여 사용하는 이유는 알만 하지만 법으로 제재할 길은 없다.

한국에 기독교가 처음 들어왔을 때 '하나님'이라는 용어를 오직 기독교에서만 쓸 수 있게 미리 특허를 내놓았었다면 하는 생각도 해본다.

분명히 말하지만 안상홍을 하나님이라고 믿는 '하나님의 교회'는 기독교가 아니다. 그들은 예수 그리스도를 하나님으로 믿는 것이 아니고, 신흥 교파 창시자인 안상홍을 하나님으로 믿는 단체이다. 더 나아가 요즘에는 '어머니 하나님'이란 말을 들어 보았느냐고 하면서 사람들에게 접근하여 미혹하고 있다. 따라서 안상홍을 하나님으로 믿는 단체는 절대로 기독교가 아니다.

한글로 '하나님'이란 말은 우리 국어사전에도 '여호와를 개신교에서 이르는 말'이라고 분명히 명시되어 있다. 즉 한글로 '하나님'이란 말은 유일무이한 신(神)이라는 의미로 한국 기독교에서 '유일신(唯一神) 창조주 하나님'을 지칭하는 대명사로 사용하는 것이며, 성경에서 가르치는 유일신 하나님에 대해 가장 명확하게 표현하는 용어라 할 수 있다. 그러므로 우리 그리스도인들은 절대로 유일신이신 창조주 하나님에 대해 혼동하면 안 된다.

구약 성경에 한글로 '여호와 하나님'은 히브리어로는 '야훼(יהוה, YHWH)'로 모음 없이 자음으로 만 표기하고, 그래도 유대인들이 꼭 '창조주 하나님'의 이름을 부르고 싶으면 '엘로힘(Elohim, 강함, 신성)'이나 '아도나이(Adonai, 주인)'라고 불렀다.

히브리어 '야훼(יהוה)'를 풀이하면(요드י 헤ה 와우ו 헤ה)로 창조주 여호와의 이름이 계시된 십자가에 달리신 예수(예슈아)를 가리킨다.

모세를 통해 유대인들에게 주신 율법에서는 창조주 하나님의 이름을 인간들이 함부로 부르는 것을 금기로 여겼다.

"너는 네 하나님 여호와의 이름을 망령되게 부르지 말라 여호와는 그의 이름을 망령되게 부르는 자를 죄 없다 하지 아니하리라"(출 20:7)

하나님을 히브리어로는 '야훼(יהוה, YHWH)'라 하고, 헬라어로는 '데오스(θεός)'라 하고, 영어로는 '갓(GOD)'이라 하고, 중국어로는 '신(神, shen), 상제(上帝, 상띠)'라 하고, 일본어로는 '카미(神)'라 하고, 아랍어로는 '알라(Allah)'라 한다. 창조주 하나님의 이름에 대해서는 뒤에 좀 더 자세히 설명할 기회를 가질 것이다.

성경은 창조주 하나님께서 확실하고 분명하게 실존해 계심을 가르치고 있다. 하지만 그 창조주 하나님의 본체는 영(靈)으로 실존해 계시기 때문에 인간은 창조주 하나님의 본체를 볼 수도 없고, 본 사람도 없다.

성경은 창조주 하나님의 본체에 대해 '전혀 볼 수 없는 분'이라고 가르치고 있다.

"그는 '보이지 아니하는' 하나님의 형상이시오, 모든 창조물보다 먼저 나신 이시니" (골 1:15)

"영원하신 왕 곧 썩지 아니하고 '보이지 아니하고' 홀로 하나이신 하나님께 존귀와 영광이 영원무궁하도록 있을지어다 아멘" (딤전 1:17)

"오직 그에게만 죽지 아니함이 있고 가까이 가지 못할 빛에 거하시고 어떤 사람도 보지 못하였고 또 볼 수 없는 이시니 그에게 존귀와 영원한 권능을 돌릴지어다 아멘" (딤전 6:16)

"본래 하나님을 본 사람이 없으되 아버지 품속에 있는 독생하신 하나님이 나타내셨느니라" (요 1:18)

하나님의 본체, 실체는 그 누구도 본 사람도 없고, 볼 수도 없다. 그래서 루터는 하나님에 대해 '숨은 하나님'이라는 표현을 썼다. 칼빈도 신성(神性)은 모든 인간의 감성을 완전히 벗어나, 인간이 하나님의 본질을 이해 할 수도 없고, 오직 성령의 조명, 특별 계시로만 하나님에 대한 참된 지식을 얻을 수 있다고 했다.

영체(靈體)로 존재해 계시는 보이지 않는 창조주 하나님은 신비스러운 존재로서 하나님 스스로가 어떤 형태로든지 인간 세상에 자신을 계시하지 않으시면 인간은 절대로 창조주 하나님을 볼 수도 없을 뿐 아니라, 상상하거나 추측할 수도 없다. 구약 성경을 보면, 보이지 않는 창조주 하나님께서 인간 세상에 자신을 계시하시고 드러내실 때 여러 형태와 모양으로 계시하신 것을 알 수 있다. 그럼 창조주 하나님께서 인간 세상에 자신을 어떻게 계시하셨는지 살펴보자.

## 1. 창조 사건을 통해 실존을 계시하신 하나님

"산이 생기기 전, 땅과 세계도 주께서 조성하시기 전 곧 영원부터 영원까지 주는 하나님이시니이다" (시 90:2)

영원 속에 감춰 계셨던 창조주 하나님께서 창조라는 위대한 사건을 통해서 하나님 자신을 드러내셨다. 성경에 창조 사건이 있기 전에는 하나님의 존재는 감춰져 있었다. 창조 사건이 없었다면 하나님의 실존은 절대로 드러나지 않았을 것이다.

"태초에 하나님이 천지를 창조하시니라" (창 1:1)

"בְּרֵאשִׁית בָּרָא אֱלֹהִים אֵת הַשָּׁמַיִם וְאֵת הָאָרֶץ:"

"베레쉬트(태초) 바라(창조, 만들다) 엘로힘(하나님) 엘(을, 를) 핫솨마임(그 하늘) 베엩(그리고) 하아레츠(그 땅을)"

"In the beginning God created the heavens the earth"

창조 이전의 창조주 하나님의 실존에 대해서는 그 어디에도 기록이 없기 때문에 인간이 알 수도 없고 알 필요도 없다.

창조 전(前)과 후(後)를 예를 들어 설명하면, 무대에서 어떤 연극을 올릴 때, 무대의 막이 열리기 전을 창조 전이라 한다면, 무대의 막이 열리는 것을 창조라 할 수 있다. 관객은 무대의 막이 열려지지 않으면, 그 무대에서 어떤 내용의 연극이 펼쳐질지 전혀 알 수가 없다. 그러나 무대의 막이 열리면, 조명이 비추어지고, 배경 음악이 깔리고, 배우들이 등장하고, 스토리가 펼쳐지면서 비로소 연극의 내용을 알 수 있게 된다.

이와 마찬가지로, 태초에 감추어져 계셨던 전능하신 창조주 하나님께서 우주와 만물을 창조하지 않으셨다면, 그 누구도 창조주 하나님의 실체에 대해 알 수가 없었을 것이다. 영원 속에 감추어져 실존해 계시던 그분께서 창조하시던 그날 비로소 그분의 실존 존재가 드러나기 시작한 것이다.

창세기를 기록한 모세는 영원 속에 감추어져 실존해 오시던 그분께서 창조하시던 그날을 '태초'라는 뜻의 히브리어 '베레쉬트'라 말했고, 이 말은 헬라어로는 '엔 아르케(Ἐν ἀρχη)'로 시간의 시작을 뜻한다. 그러므로 인간의 언어로 태초라는 말은 시초이고, 처음이고, 시작이고, 알파라는 것이다. 다시 말하면, 태초라는 말은 영원 속에 감추어져 실존해 오시던 그분께서 등장하신 처음을 말하는 것이다.

태초에 감춰져 계셨던 창조주 하나님께서 천지를 창조하심으로 비로소 하나님께서 어떤 존재이신지 드러내신 것이다. 하나님께서 천지를 창조하시기 전까지 인류는 하나님의 실체와 실존을 전혀 알 수 없었다.

영원 속에 감춰계셨던 창조주 하나님께서 6일 동안 천지 만물을 창조하실 때, 마지막 날 사람을 창조하시면서 하나님의 실체를 더 확실하게 드러내셨다.

"하나님이 이르시되 우리의 형상을 따라 우리의 모양대로 우리가 사람을 만들고 그들로 바다의 물고기와 하늘의 새와 가축과 온 땅과 땅에 기는 모든 것을 다스리게 하자 하시고 하나님이 자기 형상 곧 하나님의 형상대로 사람을 창조하시되 남자와 여자를 창조하시고 하나님이 그들에게 복을 주시며 하나님이 그들에게 이르시되 생육하고 번성하여 땅에 충만하라 땅을 정복하라 바다의 물고기와 하늘의 새와 땅에 움직이는 모든 생물을 다스리라 하시니라" (창 1:26-28)

인간이 하나님의 형상(image)을 따라 만들어졌다는 것은 인간의 영, 혼, 육이 하나님의 형상을 따라 내적으로 외적으로 닮도록 창조되었다는 것이다.

첫째로, 인간이 내적(內的)으로 하나님을 닮았다는 것은, 피조물 가운데 오직 인간만이 영적인 존재로 지성적이고, 감성적이고, 의지적인 존재로 창조주 하나님과 교통할 수 있도록 만들어졌다는 것이다.

둘째로, 인간이 외적(外的)으로 하나님을 닮았다는 것은 인간만이 보고, 듣고, 생각하고, 말하는 육체로 창조되었다는 것이다.

성경에 보면, 창조주 하나님께서도 보고, 듣고, 생각하신다고 말씀하고 있다.

"여호와께서는 그의 성전에 계시고 여호와의 보좌는 하늘에 있음이여 그의 눈이 인생을 통촉하시고 그 안목이 그들을 감찰하시

도다" (시 11:4)

"귀를 지으신 이가 듣지 아니하시랴 눈을 만드신 이가 보지 아니하시랴" (시 94:9)

"하나님은 말씀을 내시며 너를 향하여 입을 여시고" (욥 11:5)

성경에 창조주 하나님께서는 보고, 듣고, 생각하시고, 말씀하신다고 기록한 것처럼 인간도 보고, 듣고, 생각하고, 말하는 존재인 것은 외적으로 하나님의 형상을 닮았다는 증거이다. 이렇게 영원 속에 감춰 계셨던 그분께서 창조 사건을 통해 그분의 실체를 드러내셨다는 것이다.

창조 사건이 없었다면 영원 속에 감추어져 계시던 그분의 실체는 계속 감추어져 있었을 것이다. 그러므로 창조 사건은 영원 속에 감추어져 계시던 하나님의 실존, 하나님의 존재를 드러내는, 즉 연극 무대의 막을 여는 것과 같다고 할 수 있다.

"창세로부터 그의 보이지 아니하는 것들 곧 그의 영원하신 능력과 신성이 그가 만드신 만물에 분명히 보여 알려졌나니 그러므로 그들이 핑계하지 못 할지니라" (롬 1:20)

그러므로 하나님께서 인간에게 주신 '생각(Think)'이라는 매개체를 통해 창조주 하나님의 존재를 찾기를 바란다.


## 2. 우주와 만물을 창조하신 하나님의 본질(本質)은 무엇이냐?

하나님의 본질(The Essence of God)이라는 말은 철학적 용어로서 논하기 어려운 말이다. '본질'이라는 단어를 한자로 풀이하면 본(本)자는 '밑 본', 즉 '뿌리, 기초, 근본, 기원, 근원' 등의 뜻을 갖고 있으며, 질(質)자는 '바탕 질'로 즉 '꾸미지 않은 본연 그대로의 성질, 성품, 진실, 순진' 등의 뜻을 갖고 있다.

그러므로 본질이란, 그 존재가 처음부터 고유하게 갖고 있는 꾸밈이 없는 근본의 어떤 성질, 성격, 본성을 의미한다.

그런 의미에서 하나님의 본질이란, 모든 것의 뿌리 즉 기원, 기초, 근본이 되시는 창조주 하나님께서 본래부터 갖고 계신 고유한 속성, 성품, 성격, 본성의 모습을 말한다. 그러므로 그리스도인들은 자신이 믿는 창조주 하나님께서 어떤 분이신지 지식적으로 잘 알고 믿어야 한다.

그렇다면 하나님의 본질(本質)은 무엇인가?

첫째로, 하나님은 영(靈)이시라는 것이다.

"하나님은 영이시니" (요 4:24)

하나님은 영이시라는 말은 창조주 하나님께서는 비물질적이며, 무형적 존재로서 인간의 육체의 눈으로는 절대로 하나님의 본체를 볼 수 없는 존재라는 것이다. 영이신 하나님은 그 어떤 형상도 형체도 입지 않고 계시기 때문에 시간과 공간을 초월하여 온 우주 공간에 동시에 충만하게 존재해 계신다는 것이다.

성경에 '영(靈)'이라는 말은, 헬라어로는 '프뉴마($\pi\nu\epsilon\acute{\upsilon}\mu\alpha$)', 영어로는 '스피릿(Spirit)'으로 바람, 숨, 호흡, 생기 등 인간의 눈으로는 볼 수 없는 것들을 말한다.

그러므로 하나님은 영이시라는 말은 하나님의 본체는 무형적,

비물질적 존재이며, 인간의 영역을 넘어선 존재로서 인간의 이성과 지식과 과학과 어떠한 학문으로도 감지할 수 없는 분이시라는 말이다.

"여호와께서 불길 중에서 너희에게 말씀하시되 음성뿐이므로 너희가 그 말소리만 듣고 형상은 보지 못하였느니라" (신 4:12)

"여호와께서 호렙 산 불길 중에서 너희에게 말씀하시던 날에 너희가 어떤 형상도 보지 못하였은즉 너희는 깊이 삼가라" (신 4:15)

"본래 하나님을 본 사람이 없으되 아버지 품속에 있는 독생하신 하나님이 나타내셨느니라" (요 1:18)

육체의 몸을 입고 있는 인간은 절대로 창조주 하나님의 본체를 볼 수 없다. 형체가 없이 무형적인 존재로 계신 창조주 하나님을 보고 싶어 하거나 하나님을 봤다고 하는 사람들은 창조주 하나님을 인본주의적으로 생각하기 때문이다.

그러므로 영으로 실존해 계신 창조주 하나님을 어떤 형상이나 어떤 형체로라도 만들어 놓고 섬기면 안 된다는 것이다. 세상에 살고 있는 수많은 인간들이 섬기는 신(神)들을 살펴보면, 정말 갖가지 이상하고 해괴한 형상의 형체들을 만들어 놓고 섬기는 것을 볼 수 있다.

그래서 창조주 하나님께서는 아브라함과 그 후손들을 선택하시고, 야훼 하나님 섬김에 대해 말씀하시기를, 절대로 인간들이 생각하는 것처럼 하나님을 어떤 형체나 형상으로 생각하여 하늘에 있는 것이나 아래로 땅에 있는 것이나 땅 아래 물속에 있는 것의 어떤 형체나 형상(形狀)이든지 만들어 섬기지 말라고 모세를 통해 명령하셨다.

"너를 위하여 새긴 우상을 만들지 말고 또 위로 하늘에 있는 것이나 아래로 땅에 있는 것이나 땅 아래 물속에 있는 것의 어떤 형상(形狀)도 만들지 말며 그것들에게 절하지 말며, 그것들을 섬기지 말라 나 네 하나님 여호와는 질투하는 하나님인즉 나를 미워하는 자의 죄를 갚되 아버지로부터 아들에게로 삼사 대까지 이르게 하거니와 나를 사랑하고 내 계명을 지키는 자에게는 천 대까지 은혜를 베푸느니라" (출 20:4-6)

"그런즉 너희가 하나님을 누구와 같다 하겠으며 무슨 형상을 그에게 비기겠느냐 우상은 장인이 부어 만들었고 장색이 금으로 입혔고 또 은사슬을 만든 것이니라" (사 40:18-19)

"너희가 나를 누구에게 비기며 누구와 짝하며 누구와 비교하여 서로 같다 하겠느냐 사람들이 주머니에서 금을 쏟아 내며 은을 저울에 달아 도금장이에게 주고 그것으로 신을 만들게 하고 그것에게 엎드려 경배하며 그것을 들어 어깨에 메어다가 그의 처소에 두면 그것이 서 있고 거기에서 능히 움직이지 못하며 그에게 부르짖어도 능히 응답하지 못하며 고난에서 구하여 내지도 못하느니라" (사 46:5-7)

사도 바울도 "하나님을 금이나 은이나 돌에다 사람의 기술과 고안으로 새긴 것들과 같이 여길 것이 아니니라"(행 17:29)라고 가르치고 있다.

그러므로 그리스도인들은 창조주 하나님을 상상(想像)하여 그 어떤 형상이나 형체로도 하나님이라고 만들어 놓고 섬기면 절대로 안 된다. 하나님은 본질에 있어서 영(靈)이시기에 영으로 존재해 계시는 하나님을 그대로 섬기면 된다.

가톨릭 성당에서는 천사의 형체, 사도들의 형체, 마리아의 형상, 예수의 형상 등을 만들어 놓고 기도하는 데 대단히 성경적이지 않다.

둘째로, 하나님은 영원(永遠)하시다는 것이다.

이 세상의 모든 생명체는 모두 다 짧고 유한(有限)한 삶을 살다가 죽는다. 이 땅의 모든 생명체는 언젠가는 다 죽는다. 이 땅에 영원히 사는 생명체는 없다. 그런데 성경에서 가르치는 하나님의 본질은 영원히 죽지 않으시고 영원히 존재해 계신다는 것이다.

"산이 생기기 전 땅과 세계도 주께서 조성하시기 전 곧 영원부터 영원까지 주는 하나님이시니이다." (시 90:2)

"예수 그리스도는 어제나 오늘이나 영원토록 동일하시니라" (히 13:8)

"예수는 영원히 계시므로 그 제사장 직분도 갈리지 아니하느니라" (히 7:24)

히브리서 기자는 하나님의 아들을 "아버지도 없고 어머니도 없고 족보도 없고 시작한 날도 없고 생명의 끝도 없다"(히 7:3)라고 설명했다.

그러므로 우리가 믿는 하나님의 본질은 영원히 스스로 존재해 계시는 창조주 하나님이시라는 것이다. "나는 스스로 있는 자이니라" (출 3:14)

그러므로 그리스도인들은 가장 위대하시고, 전지전능하시고, 존귀하신 창조주 하나님을 믿는 성도들로서 큰 자부심을 가지고 담대하게 신앙생활을 해야 한다.

창조주 하나님은 세상 사람들이 믿는 그런 잡신들 중에 하나가 아니라, 가장 위대하시고, 전지하시고, 전능하시고, 존귀하시고, 우주와 만물을 창조하시고, 지금도 살아계셔서 우주와 만물을 다스리시고, 통치하시고, 지배하시는 분이시라는 것에 대해 큰 자부심을 갖고 예수 그리스도를 믿어야 한다.

### 결론 : 창조주 하나님의 실존은?

창조주 하나님은 실존(실체, 본질)에 있어서 영체로 존재하시고, 어떤 형체나 형상도 입지 않으시고, 영원히 실존해 계시는 창조주 하나님이시라는 것을 깨닫고, 그리스도인들은 절대로 어떤 형상이나 형체를 만들어 놓고 하나님을 섬기면 안 된다. 하나님의 형체를 만들어 놓고 숭배하는 것은 우상 숭배가 된다.

그리고 창조주 하나님께서는 영(靈)으로 존재해 계시기 때문에 언제 어디서 기도해도 하나님께서는 들으시고, 언제 어디서 예배를 드려도 하나님께서는 예배를 받으신다. 뿐만 아니라 창조주 하나님께서는 시간과 공간을 초월하여 존재하시기에 우리의 일거수일투족을 다 보시고 아신다. 당신이 창조주 하나님에 대해 깊이 생각한다면 창조주 하나님께서 당신을 찾아오실 것이다.

# 제2강

## 창조주 하나님 실존의 계시
## (행 14:16-17)

# 제2강

## 창조주 하나님 실존의 계시 (행 14:16-17)

인간들이 살아가는 세상에는 진짜와 가짜, 사실과 거짓, 진실과 허위가 공존하고 있다. 사람들은 때로 무엇이 사실인지 거짓인지, 진실과 허위, 진짜와 가짜, 진리와 비진리를 구별하지 못해 속기도 하고, 속이기도 한다.

이처럼 세상에는 사실을 말하는 진실의 뉴스가 있는가 하면 사람들을 속이고 현혹하기 위해 꾸며서 보도하는 가짜 뉴스, 거짓 뉴스도 있다. 그런데 아이러니한 것은 가짜 뉴스, 거짓 뉴스일수록 사람들이 쉽게 현혹되고 매력을 느낀다는 것이다.

그래서 세상에서는 끊임없이 가짜 뉴스와 거짓 뉴스가 만들어지고 있다. 수많은 사람이 즐겨보는 뉴 미디어, SNS(Social Network Service), YouTube에도 거짓 뉴스, 가짜 뉴스가 난무하고 있다.

우리 사회에 연예인, 정치인, 유명인일수록 가짜 뉴스와 거짓 뉴스의 공격의 대상이 되어 당사자들은 상처받고 견디지 못해 간혹 자살하는 사람도 있는가 하면, 가짜 뉴스, 거짓 뉴스 때문에 스트레스, 불면증, 대인공포증, 공황장애, 우울증 등을 앓으며 힘들어

하는 사람들도 우리 주위에 수없이 많다.

유명인이 아니더라도 누구나 가짜 뉴스의 대상이 되면 한순간에 스트레스를 받아 나락으로 떨어질 수 있기 때문에 가짜 뉴스, 거짓 뉴스는 타파해야 한다.

가짜 뉴스, 거짓 뉴스 때문에 사회가 혼란해지고 분열되기도 하고, 갈등의 불씨가 되기도 한다. 사람들이 올바른 분별력과 진리(眞理)의 가치관을 정립하지 않으면 사실과 거짓을 구별하지 못한다. 그러다 보니 기독교 교회 안에서 전파되는 복음도 참 복음(진리)과 변질된(비진리) 복음이 전파되고 있다.

"그리스도의 은혜로 너희를 부르신 이를 이같이 속히 떠나 다른 복음을 따르는 것을 내가 이상하게 여기노라 다른 복음은 없나니 다만 어떤 사람들이 너희를 교란하여 그리스도의 복음을 변하게 하려 함이라 그러나 우리나 혹은 하늘로부터 온 천사라도 우리가 너희에게 전한 복음 외에 다른 복음을 전하면 저주를 받을지어다 우리가 전에 말하였거니와 내가 지금 다시 말하노니 만일 누구든지 너희가 받은 것 외에 다른 복음을 전하면 저주를 받을지어다"(갈 1:6-9)

우리가 살아가는 세상에는 왜 사실과 허위, 참과 거짓, 진리와 비진리, 속이고 속는 사람들이 공존할까? 그 사실을 성경이 밝혀주고 있다.

성경 66권은 전능하신 창조주 하나님의 실존에 대해 명확히 증거하고 있다. 그런데 영적(靈的)으로 창조주 하나님의 대적자인 사탄 마귀는 창조주 하나님의 실존을 감추고 왜곡하여 창조주 하나님이 없다는 가짜 뉴스, 거짓 뉴스를 끊임없이 생산해 세상에 전파하고 있기 때문에 세상 사람들이 창조주 하나님을 믿는 사람들과 믿지 않는 사람들로 갈린 것이다. 그래서 유명한 물리학자이면서 수학자인 파스칼은 "과학의 제 1원리는 숨어 있는 하나님을 논증할 수 없다."라고 하면서 하나님은 '숨겨진 하나님'이라고 하였다. 전능하신 창조주 하나님께서 숨겨지고 감추어진 하나님이라는 것은 얼마든지 하나님에 대해 왜곡되고, 변질되고, 거짓으로 전파될 수 있다는 것을 의미한다.

성경은 창조주 하나님의 실존과 실체에 대해 강력하게 증거하고 있다. 우리는 앞서 창조주 하나님의 실존에 대해 배웠다.

"태초에 하나님이 천지를 창조하시니라" (창 1:1)

태초에 하나님이 천지를 창조하셨다는 것은 인간 세계에 창조주 하나님께서 확실히 실존해 계신다는 것을 드러내신 것이다.

"이제는 나 곧 내가 그인 줄 알라 나 외에는 신이 없도다 나는 죽이기도 하며 살리기도 하며 상하게도 하며 낫게도 하나니 내 손에서 능히 빼앗을 자가 없도다" (신 32:39)

"네 구속자요 모태에서 너를 지은 나 여호와가 이같이 말하노라 나는 만물을 지은 여호와라 홀로 하늘을 폈으며 나와 함께 한 자 없이 땅을 펼쳤고" (사 44:24)

"나 여호와가 말하노라 너희는 나의 증인 나의 종으로 택함을 입었나니 이는 너희가 나를 알고 믿으며 내가 그인 줄 깨닫게 하려 함이라 나의 전에 지음을 받은 신이 없었느니라 나의 후에도 없으리라 나 곧 나는 여호와라 나 외에 구원자가 없느니라" (사

43:10-11)

"그는 '보이지 아니하는' 하나님의 형상이시요 모든 피조물보다 먼저 나신 이시니" (골 1:15)

이처럼 성경 66권의 기록은 창조주 하나님의 실존에 대해 강력하게 증거하고 있다. 그런데 육신의 몸을 입고 있는 인간들은 영적(靈的) 세계에 존재해 계시는 창조주 하나님을 볼 수도 없고, 하나님이 보이지 않기에 창조주 하나님의 대적자인 사탄 마귀가 창조주 하나님은 없다고 변형된 비진리를 가르치며, 거짓 뉴스, 가짜 뉴스를 생산하여 전파할 때, 어리석은 인간들은 분별하지 못하고, 그대로 받아들여 하나님의 존재를 믿지 않고, 더 나아가 하나님이 없다고 말하기도 한다.

"이방 나라들이 어찌하여 그들의 하나님이 어디 있느냐 말하나이까 주의 종들이 피 흘림에 대한 복수를 우리 목전에서 이방 나라에게 보여 주소서" (시 79:10)

"사람들이 종일 내게 하는 말이 네 하나님이 어디 있느뇨 하오니 내 눈물이 주야로 내 음식이 되었도다." (시 42:3)

육체의 몸을 입고 있는 인간들은 창조주 하나님을 볼 수도 없고 보이지도 않으니 당연히 '네 하나님이 어디 있느냐?'라고 조롱하며 비아냥거린다.

창조주 하나님은 악한 영, 사탄 마귀에게 속아 하나님이 어디 있느냐고 비아냥거리고 조소하는 사람들에게도 구원의 기회를 주시기 위해 하나님의 살아계심을 자연 계시와 특별 계시로 계시하고 있다고 성경은 증거하고 있다.

"하나님이 지나간 세대에는 모든 민족으로 자기들의 길들을 가게 방임하셨으나 그러나 자기를 증언하지 아니하신 것이 아니니 곧 여러분에게 하늘로부터 비를 내리시며 결실기를 주시는 선한 일을 하사 음식과 기쁨으로 여러분의 마음에 만족하게 하셨느니라"(행 14:16-17)라고 말씀하신 것처럼, 하나님은 지나간 세대의 사람들이 자기들이 원하는 대로 살게 하셨으나, 그들에게도 자연 계시를 통해 창조주 하나님 자신의 실존에 대해 계속해서 증언하셨다는 것이다.

"이는 사람으로 혹 하나님을 더듬어 찾아 발견하게 하려 하심이로되 그는 우리 각 사람에게서 멀리 계시지 아니하도다." (행 17:27)

"창세로부터 그의 보이지 아니하는 것들 곧 그의 영원하신 능력과 신성이 그가 만드신 만물에 분명히 보여 알려졌나니 그러므로 그들이 핑계하지 못할지니라" (롬 1:20)

어둠의 영, 사탄 마귀가 전하는 하나님이 없다는 가짜 뉴스, 거짓 뉴스를 믿고 하나님을 믿지 않는 사람들에게 하나님은 말씀하시기를 너희가 심판 날에 하나님을 믿지 않은 여러 이유를 댄다고 하여도 하나님을 믿지 않은 이유에 대해 핑계할 수 없다는 것이다. 그 이유는 창조주 하나님의 실존의 계시가 천지에 충만하게 계시되어 있기 때문이다.

"여호와의 말씀이니라 사람이 내게 보이지 아니하려고 누가 자신을 은밀한 곳에 숨길 수 있겠느냐 여호와가 말하노라 나는 천지에 충만하지 아니하냐?" (렘 23:24)

창조주 하나님의 실존의 계시가 천지 만물에 충만하게 편재해 있으므로 심판 날에 하나님을 믿지 않은 이유를 핑계 댈 수 없다는 것이다.

그러므로 성경은 더듬어서라도 하나님을 찾아 발견하라는 것이다. 더듬어서라도 하나님을 찾으라는 것은 창조주 하나님을 깊이 생각하라는 것이다.

"알지 못하던 시대에는 하나님이 간과하셨거니와 이제는 어디든지 사람에게 다 명하사 회개하라 하셨으니" (행 17:30)

본서를 통해 성경은 어떤 방법으로 창조주 하나님의 실존에 대해 계시하는지 논하고자 한다.

## 1. 창조주 하나님은 일반계시(자연계시)를 통해 자신의 실존을 계시하셨다.

세상을 살아가면서 나타난 현상만 보고 믿는 사람들은 어리석은 사람들이라 할 수 있다. 세상에는 인간의 육안으로 보이는 것과 육안으로는 전혀 볼 수 없는 것들이 수없이 존재하고 있음을 깨달아야 한다.

"만물이 그에게서 창조되되 하늘과 땅에서 보이는 것들과 보이지 않는 것들과 혹은 왕권들이나 주권들이나 통치자들이나 권세들이나 만물이 다 그로 말미암고 그를 위하여 창조되었고" (골 1:16)

사도 바울은 세상에서 보이는 것들과 보이지 않는 것들, 그 모두가 하나님께서 창조하셨고, 또한 하나님을 위하여 창조되었다고 창조론(創造論)을 가르치고 있다.

앞서 말한 것처럼 하나님께서는 자신의 실존에 대해 자연 만물을 통해 계시하셨다. 계시란 감추어진 비밀을 드러내는 것을 말한다.

성경에 창조주 하나님께서 자연 만물을 통해 자신의 실존을 계시하신 것을 신학적으로는 일반계시라 한다. 그러므로 일반계시란 누구에게나 차별하지 않고, 감추지 않고, 숨기지 않고 드러낸 계시를 말하는데, 특별한 비밀이 아니라는 것이다.

성경은 자연계시(일반계시)를 통해 하나님을 만난 사람들도 있음을 증거하고 있다.

마태복음 2장에 보면 천문학을 연구하던 동방의 박사들이 어느 날 하늘에 이상한 별 하나가 나타난 것을 보자, 이 땅에 위대한 왕의 탄생을 예견하였고, 그 별의 인도를 따라 이스라엘 베들레헴까지 가서 인류의 구원자 아기 예수가 탄생하신 것을 보고 경배하였다고 기록하고 있다.

다윗은 우주와 만물을 보면서 창조주 하나님의 실존을 깨닫고, 신뢰하고, 그 하나님을 찬양하고 노래하였다.

"하늘이 하나님의 영광을 선포하고 궁창이 그의 손으로 하신 일을 나타내는 도다" (시 19:1)

"해와 달아 그를 찬양하며 밝은 별들아 다 그를 찬양할지어다 하늘의 하늘도 그를 찬양하며 하늘 위에 있는 물들도 그를 찬양할지어다 그것들이 여호와의 이름을 찬양함은 그가 명령하시므로 지음을 받았음이로다" (시 148:3-5)

그러므로 자연계시를 통해서 하나님을 만나는 사람들은 복 있는 사람들이다. 낮의 태양을 보고 감격하고, 밤하늘의 달과 별들을 보고 감탄하고, 꽃 한 송이를 보고 노래하고, 바닷가에 밀려오는 파도를 보고 하나님을 찬양하는 사람, 천둥, 번개, 태풍, 지진 등 자연의 경고를 통해 죄를 회개하며 기도하는 사람들은 복 있는 사람들이다.

"이제 모든 짐승에게 물어보라 그것들이 네게 가르치리라 공중의 새에게 물어보라 그것들이 또한 네게 고하리라 땅에게 말하라 네게 가르치리라 바다의 고기도 네게 설명하리라 이것들 중에 어느 것이 여호와의 손이 이를 행하신 줄을 알지 못하랴" (욥 12:7-9)

그런데 자연계시로 하나님의 존재와 실존에 대해 가르치는 것은 가능하지만, 하나님의 본질이라든지, 하나님의 속성이라든지, 하나님의 성품이라든지, 인간을 구원하시려는 하나님의 구체적인 구원의 계획과 죄 사함의 방법을 가르치는 데는 한계가 있다.

그래서 세상의 비밀도 일반 비밀과 특급 비밀로 나누는 것처럼 하나님께서는 자연계시(일반계시)로 세밀하게 다 전하기 어려운 것은 특별계시로 전하게 하셨다.

## 2. 창조주 하나님은 특별계시를 통해 자신의 실존을 계시하셨다.

일반계시가 넓은 의미에서 하나님의 실존을 드러낸 계시였다면, 특별계시는 하나님의 실존뿐만 아니라, 하나님의 본질, 하나님의 속성, 하나님의 성품, 하나님의 구체적인 구원의 계획, 죄 사함의 방법, 심판, 하나님의 사역 등을 드러내는 것을 말한다.

그러면 하나님께서는 어떤 방법으로 특별계시를 하셨는가?

첫째로, 하나님은 자신의 실존을 알리시기 위해 때로는 선지자나 사도와 같은 사람들을 불러서 미래에 하나님께서 하실 일들을 선포하는 도구로 사용하셨는데, 이것이 사람을 사용한 특별계시이다.

둘째로, 하나님은 특별계시를 위해 하나님의 말씀을 기록하게 하셨는데, 그것이 바로 성경이다. 그러므로 성경에 기록된 하나님의 특별계시는,

① 창조주 하나님은 어떤 분이신지를 구체적으로 계시되었다.

일반계시로는 도저히 계시할 수 없는 창조주 하나님의 본질, 속성, 성품, 등을 구체적으로 기록하고 있다.

② 우주 만물이 어떻게 창조되었는지 창조의 역사를 기록하고 있다.

③ 이 땅에 어떻게 죄와 질병과 저주와 사망이 들어왔는지 기록하고 있다.

④ 하나님은 왜, 무엇 때문에, 어떻게 인류를 심판하시는지 기록하고 있다.

⑤ 육신의 몸을 입고 탄생하신 예수 그리스도가 누구신지 자세히 설명하고 있다.

⑥ 천국과 지옥은 어떤 곳인지 기록하고 있다.

⑦ 인간이 어떻게 죄 사함을 받으며, 어떻게 구원을 받는지 자세히 기록해 놓았다.

이처럼 하나님께서는 인간이 창조주 하나님을 바로 알고, 바로 믿게 하시려고 특별계시인 성경을 기록하게 하셨다는 것을 깨달아야 한다. 그러므로 그리스도인들은 특별계시로 기록되어 있는 성경을 부지런히 읽고, 배우고, 연구하고, 가르쳐야 한다.

"너희가 성경에서 영생을 얻는 줄 생각하고 성경을 연구하거니와 이 성경이 곧 내게 대하여 증언하는 것이니라" (요 5:39)

"베뢰아에 있는 사람들은 데살로니가에 있는 사람들보다 더 너그러워서 간절한 마음으로 말씀을 받고 이것이 그러한가 하여 날마다 성경을 상고하므로" (행 17:11)

「현대어 성경」에는 "베뢰아 사람들은 데살로니가 사람들보다는 훨씬 마음이 틔어 있어서 기쁜 마음으로 설교를 들었다. 그리고 바울과 실라가 가르치는 말이 진실인지 알고자 날마다 성경을 연구하였다."라고 되어 있다.

앞서 기술한 것처럼 인간이 살아가는 세상에는 사실과 허위, 참과 거짓, 진리와 비진리가 범람하고 있기 때문에 영적으로 정신을 바짝 차리지 않으면 허위와 가짜와 비진리에 현혹되고, 미혹되어 사로잡힐 수 있기 때문에 늘 자신의 신앙생활을 점검하고, 살피고, 확인해야 한다.

그러므로 그리스도인들은 베뢰아 사람들처럼 성경을 가르치는 사람의 가르침을 그대로 받아들이지 말고, 그 가르치는 내용이 성경적인지, 진리인지, 거짓인지, 왜곡이나 편향되게 가르치는 것은 없는지, 가르침을 받는 사람이 성경을 연구하고 살피고, 확인하고, 검증하는 자세가 필요하다. 그런데 성경을 배우는 사람 입장에서 성경을 가르치는 사람이 성경을 확실하게 깨닫고 진리의 말씀을 가르치는지 분별할 능력이 없다는 게 문제이다. 성경을 한 번 편향적으로 잘못 가르침 받으면 진리의 말씀으로 돌이키기가 어렵기 때문이다.

셋째로, 예수 그리스도의 3년 반의 사역이 특별계시였다.

이천 년 전에 육신의 몸을 입고 이 땅에 오신 예수 그리스도께서 3년 반 공생애 사역 기간 동안 유대인들에게 천국 복음을 전파하시고, 온갖 병든 자를 고치시고, 귀신을 내쫓으시고, 죽은 자를 살리시고, 바다의 풍랑을 잔잔케 하시고, 오병이어의 기적을 일으키시고, 12제자들을 부르시고, 천국 복음을 전할 사명을 주시고, 그 마지막에는 십자가에 피 흘려 죽으시고, 무덤에 장사 지낸지 3일 만에 죽음과 사망의 권세를 이기시고 부활하신 것은 예수 그리스도께서 바로 우주와 만물을 창조하신 창조주 하나님이심을 계시하신 것이다. 그러므로 예수님의 3년 반 공생애 사역은 그 자체가 특별계시였다 할 수 있다.

## 3. 하나님은 지나간 역사를 통해서도 하나님의 실존을 계시하셨다.

창조 이후 인류의 약 6천여 년(성경적 계산)의 역사가 얼마나 험

난했는가? 지나간 6천여 년의 역사 가운데 일어난 자연재해라든
지, 인류 역사와 함께 시작된 부족 간의 싸움, 피 비린내 나는 나
라와 민족 간의 크고 작은 전쟁, 하나님의 크고 작은 심판, 하나님
은 6천여 년의 인류 역사를 다스리고, 지배하시고, 통치하시면서
역사를 주관해 오셨다.

하나님께서 지나온 인류의 역사를 통해 하나님의 실존을 계시
하신 목적은 인류 역사에 일어난 일들을 통해 하나님의 실존을 깨
닫고 믿으라는 것이다.

"네가 있기 전 하나님이 사람을 세상에 창조하신 날부터 지금
까지 지나간 날(역사)을 상고하여 보라 하늘 이 끝에서 저 끝까지
이런 큰 일이 있었느냐 이런 일을 들은 적이 있었느냐" (신 4:32)

"청하건대 너는 옛 시대 사람에게 물으며 조상들이 터득한 일을
배울지어다. (우리는 어제부터 있었을 뿐이라 우리는 아는 것이 없
으며 세상에 있는 날이 그림자와 같으니라)" (욥 8:8-9)

지나간 날을 상고하여 보라는 것, 옛 시대 사람에게 물으라는 것
은 모두 고대(古代)로부터 전승되어온 지난 역사를 통해 살아계신
하나님의 실존을 만나라는 것이다.

다니엘서를 읽고 연구해보면, 다니엘서는 인류 역사를 증언하
고 있을 뿐 아니라, 다니엘서의 기록을 통해 창조주 하나님의 실
존과 하나님께서 다스리시고, 통치하시고 계심을 계시하고 있다
는 것을 알 수 있다.

"이는 순찰자들의 명령대로요 거룩한 자들의 말대로이니 지극
히 높으신 이가 사람의 나라를 다스리시며 자기의 뜻대로 그것을

누구에게든지 주시며 또 지극히 천한 자를 그 위에 세우시는 줄을 사람들이 알게 하려 함이라 하였느니라" (단 4:17)

"왕이 사람에게서 쫓겨나서 들짐승과 함께 살며 소처럼 풀을 먹으며 하늘 이슬에 젖을 것이요 이와 같이 일곱 때를 지낼 것이라 그 때에 지극히 높으신 이가 사람의 나라를 다스리시며 자기의 뜻대로 그것을 누구에게든지 주시는 줄을 아시리이다." (단 4:25)

나라가 세워지고 무너지는 것, 왕이 세워지고 폐위되는 것, 인간 역사의 흥망성쇠가 전능하신 창조주 하나님의 손에 다스림을 받는다는 것을 깨달아야 한다.

"왕이여 왕이 한 큰 신상을 보셨나이다 그 신상이 왕의 앞에 섰는데 크고 광채가 매우 찬란하며 그 모양이 심히 두려우니 그 우상의 머리는 순금이요 가슴과 두 팔은 은이요 배와 넓적다리는 놋이요 그 종아리는 쇠요 그 발은 얼마는 쇠요 얼마는 진흙이었나이다 또 왕이 보신즉 손대지 아니한 돌이 나와서 신상의 쇠와 진흙의 발을 쳐서 부서뜨리매 그 때에 쇠와 진흙과 놋과 은과 금이 다 부서져 여름 타작마당의 겨 같이 되어 바람에 불려간 곳이 없었고 우상을 친 돌은 태산을 이루어 온 세계에 가득하였나이다" (단 2:31-35)

다니엘 2장의 내용은 고대 바벨론의 느브갓네살 왕이 꾼 꿈 이야기다. 그 꿈은 당시 느브갓네살 왕이 통치하는 바벨론 시대로부터 메데, 파사, 헬라, 로마시대를 걸쳐 마지막에 심판주로 다시 오실 메시야 예수 그리스도의 때까지 역사를 다룬 내용이다. 다니엘 7장과 8장도 역사를 통해 하나님께서 통치하심을 가르치는 내용이다.

그러므로 그리스도인들은 지나간 역사를 통해서도 살아계신 하나님의 실존을 깨닫고 만나야 한다. 이스라엘 백성이 애굽에서 430여 년 동안 기거한 일이라든지, 다니엘서의 바벨론, 메데, 바사, 헬라 나라의 등장, 그리고 로마제국의 등장 등은 역사 속에서의 하나님의 통치하심과 다스리심을 통해 창조주 하나님의 실존을 깨닫고 믿으라는 것이다.

구약 성경의 에스더서를 보면 창조주 하나님께서 에스더를 통해 이스라엘 편에 서서 바벨론의 역사를 주관하시는 생생한 장면을 볼 수 있다.

성경을 보면 하나님께서 유대 민족을 두 나라로 갈라지게 하시고, 두 나라의 역사를 통해 하나님의 실존을 드러나게 하셨던 것을 볼 수 있다.

그런가 하면 하나님께 선택받은 유대인과 하나님께 선택받지 못한 이방인이 있는데, 하나님은 선택받은 유대인을 통해 선택받지 못한 이방인을 구원하시고자 하는 계획을 성경에 기록하고 있다.

하나님께 선택받은 유대 나라가 제사장 나라의 사명을 잘 감당하면 복을 주시고, 제사장 나라의 사명을 잘 감당하지 못하면 징계하시는 과정이 역사 속에 계속해서 되풀이된 것을 볼 수 있다.

"너를 축복하는 자에게는 내가 복을 내리고 너를 저주하는 자에게는 내가 저주하리니 땅의 모든 족속(이방 민족)이 너(아브라함, 유대인)로 말미암아 복을 얻을 것이라 하신지라" (창 12:3)

"또 하나님이 이방을 믿음으로 말미암아 의로 정하실 것을 성경이 미리 알고 먼저 아브라함에게 복음을 전하되 모든 이방인이 너

로 말미암아 복을 받으리라 하였느니라" (갈 3:8)

그러므로 성경을 읽고, 연구하고, 성경을 공부하라는 것은, 지난 인류 역사를 통해 창조주 하나님의 존재와 실존을 깨닫고 믿으라는 것이다. 하나님의 실존을 깨닫기 위해서는 당신의 생각이 활발하게 활동해야 한다. 하나님을 생각하라!

**결론 : 창조주 하나님은 자신의 존재와 실존을 일반 계시와 특별 계시를 통해 드러내 주셨다.**

일반 계시(자연 계시)가 자연 만물을 통해 하나님의 실존을 계시하신 것이라면, 특별 계시는 성경과 선지자와 그리스도의 사역과 역사를 통해 하나님께서 누구신지 계시해 주신 것이다. 그러므로 그리스도인들은 자연 계시와, 특별 계시로 보여주신 하나님의 실존을 깨닫고 하나님을 신실하게 섬겨야 한다. 창조주 하나님의 실존을 깨닫지 못하는 사람들은 욥과 다윗의 말씀으로 가르침을 받기를 바란다.

"이제 모든 짐승에게 물어보라 그것들이 네게 가르치리라 공중의 새에게 물어보라 그것들이 또한 네게 말하리라 땅에게 말하라 네게 가르치리라 바다의 고기도 네게 설명하리라 이것들 중에 어느 것이 여호와의 손이 이를 행하신 줄을 알지 못하랴" (욥 12:7-9)

자연 계시를 통해서 하나님의 실존을 깨닫는 사람들은 복 있는 사람들이다.

"하늘이 하나님의 영광을 선포하고, 궁창이 그의 손으로 하신 일을 나타내는 도다" (시 19:1)

낮의 태양을 보고 감격하고, 밤하늘의 별들을 보고 감탄하고, 들의 꽃 한 송이를 보고 노래하고, 바닷가에 밀려오는 파도를 보고 하나님을 찬양하는 사람, 천둥, 번개, 태풍, 지진의 자연 경고를 통해 죄를 회개하며, 기도하며, 하나님을 섬기는 사람들은 복 있는 사람들이다.

# 제3강

## 하나님의 속성
## (시 139:1-10)

# 제3강

# 하나님의 속성 (시 139:1-10)

우주 공간에 존재하는 모든 만물은 그것이 생명체이든지 무생물체이든지 그 나름대로 다 독특한 특성이나 특징을 가지고 있다.

성경을 보면, 창조주 하나님께서 본래부터 갖고 계신 성품과 성격이 있으신 것을 알 수 있다. 창조주 하나님은 어떤 속성을 갖고 계신가?

하나님의 속성(The attributes of God)이란, 본래 창조주 하나님께서 갖고 계신 특성, 성품, 성격을 말한다.

국어사전에는 '속성'을 '사물의 특징이나 성질'이라고 풀이해 놓았다. 다시 말하면, 속성이란 본질을 이루는 특징이나 성질이라 할 수 있다.

우주 공간에 존재하는 모든 만물은 그 나름대로의 독특한 특징이나 성질을 가지고 있는데, 예를 들면 짐승들도 저마다 각기 다른 속성을 갖고 있다.

소는 본래 들이받는 속성이 있고, 강아지는 짖는 속성, 말은 뛰는 속성, 사자는 물어뜯는 속성, 독수리는 낚아채는 속성이 있어, 저마다 속성이 다르다.

그런가 하면 사람도 저마다 속성(성격)이 달라서 처음 만나는 사람과 대화를 나누며 사귀기 시작할 때, 그 사람의 나이라든지, 직업이라든지, 취미라든지, 이런 것들을 물어보는 것은 그 사람의 속성이나 성품, 성격, 특성 등을 파악해 '아, 이 사람은 이런 사람이구나.'를 알려는 것이다.

하물며 육체를 입고 있는 인간이 보이지 않는 영(靈)으로 실존해 계신 창조주 하나님을 믿기 위해서는 창조주 하나님께서 어떤 분이신지, 하나님의 본질과 속성은 무엇이며, 하나님의 성품은 어떠하신지 알고 믿어야 제대로 믿을 수 있지 않겠는가?

물론 사람에 따라 묻지도 따지지도 않고 하나님을 믿는 사람들도 있지만 하나님의 속성을 바로 알고 믿는다면 신앙생활에 큰 도움이 될 것이다.

그렇다면 하나님께서 본래부터 갖고 계신 고유한 속성이나 고유한 성품은 무엇일까?

신학에서는 하나님의 속성을 윤리적 속성과 비윤리적 속성, 또는 공유적 속성과 비공유적 속성으로 구분한다. 하나님의 속성 중에 어떤 속성은 인간과 공유하고, 어떤 속성은 인간과 공유하지 않는다 하여 공유적 속성, 비공유적 속성으로 구분하는 것이다.

본서에서는 하나님의 속성을 누구나 쉽게 이해할 수 있게 외적(外的)인 속성과 내적(內的)인 속성으로 구분하려 한다.

속성을 좀 더 쉽게 이해하기 위해 소금과 설탕을 예로 들어보자. 소금은 본래 짠맛을 가지고 있고, 설탕은 본래 단맛을 가지고 있는데, 이것이 바로 그들의 속성인 것이다.

성경은 창조주 하나님께도 속성이나 성품, 특성이 있음을 가르치고 있다.

그러므로 그리스도인들은 하나님의 속성이나 하나님의 성품, 하나님의 특성을 잘 알고 하나님을 믿어야 한다. 물론 교회를 오래 다니다 보면 설교나 성경 공부를 통해 하나님의 속성이나 하나님의 성품에 대해 어느 정도 이해를 할 수 있다.

그렇다면 성경에서 가르치는 하나님의 속성은 무엇일까?

## 1. 외적(外的)인 하나님의 속성

첫째로, 창조주 하나님은 어디나 계신다는 '편재성(遍在性)'이다.

하나님은 영(靈)으로 실존하시기 때문에 시간과 공간을 초월하여 동시에 어디나 계시다는 것이 하나님의 편재성이다.

육체의 몸을 입고 있는 인간은 시간과 공간의 제한을 받는다. 인간은 한 곳에 있으면서 동시에 다른 곳에 있을 수 없다. 인간은 1년 365일 하루 24시간 이라는 시간과 공간의 제한을 받으며 살고 있다.

그러나 창조주 하나님은 우주에 충만하게 영(靈)으로 실존해 계시기 때문에 절대로 시간과 공간의 제한을 받지 않으신다.

"내가 주의 영을 떠나 어디로 가며 주의 앞에서 어디로 피하리이까 내가 하늘에 올라갈지라도 거기 계시며 스올에 내 자리를 펼지라도 거기 계시니이다 내가 새벽 날개를 치며 바다 끝에 가서 거주

할지라도 거기서도 주의 손이 나를 인도하시며 주의 오른손이 나를 붙드시리이다" (시 139:7-10)

성경은 이렇게 하나님의 편재성을 가르치고 있다.

"내가 그 남은 자를 칼로 죽이리니 그중에서 한 사람도 도망하지 못하며, 그 중에서 한 사람도 피하지 못하리라 그들이 파고 스올(음부, 陰府)로 들어갈지라도 내 손이 거기에서 붙잡아 낼 것이요 하늘로 올라갈지라도 내가 거기에서 붙잡아 내릴 것이며 갈멜 산 꼭대기에 숨을지라도 내가 거기에서 찾아낼 것이요 내 눈을 피하여 바다 밑에 숨을지라도 내가 거기에서 뱀을 명령하여 물게 할 것이요 그 원수 앞에 사로잡혀 갈지라도 내가 거기에서 칼을 명령하여 죽이게 할 것이라 내가 그들에게 주목하여 화를 내리고 복을 내리지 아니하리라 하시니라" (암 9:1-4)

성경의 가르침은 인간이 죄를 범하고 하나님을 피해봐야 온 우주 공간 어디에도 숨을 곳이 없다는 것이다. 하늘에 올라갈지라도 하나님은 거기 계시고, 바다 깊은 곳에 숨을지라도 하나님은 거기도 계시고, 깊은 땅속에 가도 하나님은 거기도 계시다는 것이다. 이것이 우리가 섬기는 창조주 하나님의 편재성이다.

간혹 범죄를 저지른 사람들이 다른 나라로 도피하여 평생을 숨어 살려는 사람들도 있다. 그러나 요즘은 국제적으로 '범죄인 인도 조약'이 맺어져 범죄를 저지르고 다른 나라로 도망갈지라도 붙잡혀 오는 경우가 대부분이다.

그러므로 그리스도인들은 우리가 믿는 창조주 하나님께서 시간과 공간을 초월하여 동시에 어디나 계시다는 것을 알고 항상 자신의 삶을 돌아보며, 하나님을 피하여 숨을 곳이 없다는 것을 깨달아 행동에 조심을 해야 한다. 또한 세상을 살아가면서 시련과 아픔, 고난과 위협이 있을 때 좌절하지도 절망하지도 말고, 있는 그곳에서 전능하신 하나님께 기도하면 하나님께서 듣고 응답하신다는 것을 깨달아야 할 것이다.

"이는 사람으로 혹 하나님을 더듬어 찾아 발견하게 하려 하심이로되 그는 우리 각 사람에게서 멀리 계시지 아니하도다"(행 17:27)

"여호와의 말씀이니라 나는 가까운 데에 있는 하나님이요 먼 데에 있는 하나님은 아니지 않느냐 여호와의 말씀이니라 사람이 내게 보이지 아니하려고 누가 자신을 은밀한 곳에 숨길 수 있겠느냐 여호와가 말하노라 나는 천지(天地)에 충만하지 아니하냐"(렘 23:23-24)

성경에서 말씀하는 창조주 하나님이 천지(天地)에 충만하게 계시다는 것이 하나님의 편재성이다. 사람들은 생각하기를 하나님은 하늘에만 계시고 인간은 땅에 살기 때문에 하나님께서 인간이 하는 일을 다 볼 수도 없고, 다 알 수도 없다고 생각한다. 지극히 인간적인 어리석은 생각이다. 그래서 인간은 하나님이 안 본다고 생각해서 자기 생각대로 멋대로 살려는 경향이 있다. 이런 생각은 지극히 인본주의적인 생각이다.

창조주 하나님은 영(靈)으로 존재해 계시기 때문에 온 우주에 충만하게 계시다는 것이 성경에서 가르치는 하나님의 편재성이다.

"또 여기 있다 저기 있다고도 못하리니 하나님의 나라는 너희 안

에 있느니라" (눅 17:21)

둘째로, 하나님은 '전지'하시다는 것이다.

하나님은 전지(全知)하시다는 말은 창조주 하나님께서는 처음부터 모든 것을 다 알고 계시다는 것이다. 하나님은 우리의 과거, 현재, 미래, 모든 것을 다 아신다.

"여호와여 주께서 나를 살펴보셨으므로 나를 아시나이다 주께서 내가 앉고 일어섬을 아시고 멀리서도 나의 생각을 밝히 아시오며 나의 모든 길과 내가 눕는 것을 살펴보셨으므로 나의 모든 행위를 익히 아시오니 여호와여 내 혀의 말을 알지 못하시는 것이 하나도 없으시니이다, 주께서 나의 앞뒤를 둘러싸시고 내게 안수하셨나이다 이 지식이 내게 너무 기이하니 높아서 내가 능히 미치지 못하나이다 내가 주의 영을 떠나 어디로 가며 주의 앞에서 어디로 피하리이까 내가 하늘에 올라갈지라도 거기 계시며 스올에 내 자리를 펼지라도 거기 계시니이다 내가 새벽 날개를 치며 바다 끝에 가서 거주할지라도 거기서도 주의 손이 나를 인도하시며 주의 오른손이 나를 붙드시리이다" (시 139:1-10)

다윗은 창조주 하나님께서 우리의 모든 형편을 다 아신다고 고백하고 있다.

"주께서 내 내장을 지으시며 나의 모태에서 나를 만드셨나이다." (시139:13) 창조주 하나님께서 나를 지으셨기 때문에 다 아신다는 것이다.

예를 들면, 자동차를 만든 사람은 자동차에 대해 잘 알고, TV를 만든 사람은 TV에 대해 잘 아는 것과 같은 이치이다. 부모는 자녀를 낳았기 때문에 그 어떤 사람보다도 부모가 그 자녀에 대해 잘 아는 것과 같은 이치이다.

하나님은 인간을 창조하셨기 때문에 인간의 생각과 행동, 성품, 성격, 성향, 그 모든 것을 다 아신다. 뿐만 아니라, "너희에게는 머리털까지 다 세신 바 되었나니"(마 10:30)라고 말씀하고 있다.

하나님의 속성 중에 하나님께서 전지하시다는 것은 창조주 하나님께서 우리의 과거로부터 현재, 미래까지 모르시는 것이 하나도 없음을 말하는 것이다.

그러므로 땅에 살아가는 사람들은 전지하신 하나님 앞에 숨길 것이 하나도 없음을 깨달아야 한다.

"여호와의 말씀이니라 사람이 내게 보이지 아니하려고 누가 자신을 은밀한 곳에 숨길 수 있겠느냐 나 여호와가 말하노라 나는 천지에 충만하지 아니하냐" (렘 23:24)

창조주 하나님께서는 감추고, 숨기고, 속일 것이 아무 것도 없음을 깨닫기 바란다.

요나서에 보면, 하나님께서 요나에게 니느웨로 가서 죄악 중에 있는 니느웨 백성에게 하나님의 말씀을 선포하여 심판을 면하게 하라는 명령을 내리신다. 그러나 요나는 하나님의 명령에 불순종하고 하나님을 피해 다시스로 가는 배를 타고 도망가다가 심한 풍랑을 만나 큰 물고기 뱃속으로 들어가게 된다.

물고기 뱃속으로 들어간 요나는 결국 회개하고 니느웨로 가서 하나님의 말씀을 전하였다.

요나는 다시스로 도망가는 자신을 하나님께서 모를 줄 알았지만 전지하신 하나님은 다시스로 도망가는 배 밑창에 숨어 있던 요나를 찾아내 큰 물고기 뱃속으로 들어가게 하였고, 결국 요나는 물고기 뱃속에서 회개하고 다시 니느웨로 가 하나님의 말씀을 선포하였다는 것이다. 그리스도인들은 전지하신 하나님 앞에 숨기고 감출 것이 없음을 깨달아야 한다.

셋째로, 하나님은 '전능'하시다는 것이다.

하나님께서 전능(全能)하시다는 것은 창조주 하나님은 무엇이든지 못할 것이 전혀 없다는 것이다. 하나님은 안 되는 것을 되게 하시고, 없는 것을 있게 하시고, 불가능한 것을 가능케 하시는 전능하신 창조주 하나님이시다.

아브라함, 이삭, 야곱의 후손들이 가나안 땅의 기근으로 말미암아 애굽에 양식이 있다는 소문을 듣고 양식을 사러 갔다가 애굽에서 총리가 된 야곱의 열한 번째의 아들 요셉을 만나 애굽으로 이주하여 살게 되었다.

그 후 애굽의 총리였던 요셉이 죽은 후 요셉을 알지 못하는 바로(왕)의 억압 통치에 이스라엘 백성들은 애굽에서 약 430여 년 동안 노예 생활을 하며 살게 된다. 이스라엘 백성들은 애굽에서 더 이상 살수가 없어서 하나님께 부르짖어 자기들의 조상 아브라함과 이삭과 야곱에게 약속한 가나안 땅으로 돌아가게 해 달라고 기도하였고, 하나님께서는 모세를 세우셔서 이스라엘 백성들을 애굽에서 이끌어내게 하셨다.

이스라엘 백성들이 애굽에서 나와 홍해 바닷가에 다다랐을 때에 하나님께서는 홍해 바다를 갈라 마른 땅으로 건너가게 하시고, 광야의 떠돌이 40년 생활 가운데 하늘에서 만나를 내려 먹이셨으며, 마실 물이 없어 불평과 원망할 때에 반석을 쳐 물을 내시고, 유랑하는 광야에서 고기가 먹고 싶다고 불평 할 때 이스라엘 백성들에게 메추라기 떼를 보내 하루나 이틀이나 닷새나 열흘이나 스무 날만 먹을 뿐 아니라 한 달 동안 먹게 하셨다는 것이다.

이스라엘 백성들이 광야 생활을 끝내고 요단강을 건너 갈 때는 전능하신 하나님께서 요단강의 흐르는 물을 멈추어 이스라엘 백성들을 건너가게 하셨다는 것이다. 또한 여리고 성을 무너뜨리시고, 가나안 땅의 일곱 족속과 싸워 이겨 가나안 땅에 정착하게 하신 전능하신 창조주 하나님의 능력, 그것이 바로 하나님의 속성이다.

이천 년 전에 인류의 죄를 사하시고, 인류를 구원하시기 위해 친히 육신의 몸을 입고 이 땅에 오신 예수님은 걷지 못하는 자를 일으키시고, 중풍병자를 고치셨으며, 맹인의 눈을 뜨게 하시고, 못 듣는 자의 귀와 말 못 하는 자의 입을 여시고, 귀신을 내어 쫓으시고, 오병이어의 기적을 일으키셨다. 또한 바다와 풍랑을 잔잔케 하시고, 죽은 자를 살려내신 전능하신 창조주 하나님의 능력, 그것이 바로 하나님의 속성이다.

우리가 믿고 섬기는 창조주 하나님은 보통 사람들이 섬기는 잡신의 우상이 아니고, 우주와 만물을 지으신 전능하신 창조주 하나님이신 것이다.

"나는 전능한 하나님이라" (창 17:1)

"주께서는 못 하실 일이 없사오며 무슨 계획이든지 못 이루실 것이 없는 줄 아오니" (욥 42:2)

"나는 여호와요 모든 육체의 하나님이라 내게 할 수 없는 일이 있겠느냐" (렘 32:27)

"예수께서 이르시되 할 수 있거든이 무슨 말이냐 믿는 자에게는 능히 하지 못할 일이 없느니라 하시니" (막 9:23)

사람의 능력이나 힘과 지능은 한계가 있지만 창조주 하나님은 능력에 한계가 없으시다. 다시 말하면, 창조주 하나님께서는 할 수 없는 일이 하나도 없다는 것이다. 그러므로 그리스도인들이 깨달아야 할 것은 우리가 믿는 창조주 하나님은 전능하신 하나님이심을 믿고 무엇이든지 하나님께 구하라는 것이다.

"구하라 그리하면 너희에게 주실 것이요 찾으라 그리하면 찾아낼 것이요 문을 두드리라 그리하면 너희에게 열릴 것이니 구하는 이마다 받을 것이요 찾는 이는 찾아낼 것이요 두드리는 이에게는 열릴 것이니라" (마 7:7-8)

"내 이름으로 무엇이든지 내게 구하면 내가 행하리라" (요 14:14)

"내가 진실로 너희에게 이르노니 누구든지 이 산더러 들리어 바다에 던져지라 하며 그 말하는 것이 이루어질 줄 믿고 마음에 의심하지 아니하면 그대로 되리라 그러므로 내가 너희에게 말하노니 무엇이든지 기도하고 구하는 것은 받은 줄로 믿으라 그리하면 너희에게 그대로 되리라" (막 11:23-24)

"젊은 사자는 궁핍하여 주릴지라도 여호와를 찾는 자는 모든 좋

은 것에 부족함이 없으리로다" (시 34:10)

"너희가 기도할 때에 무엇이든지 믿고 구하는 것은 다 받으리라 하시니라" (마 21:22)

그렇다고 우리가 믿는 창조주 하나님은 누구에게나 무조건 구하는 것을 다 들어주시는 '금 나와라, 뚝딱! 은 나와라, 뚝딱!' 그런 하나님은 아니시다.

하나님은 구하는 사람들의 믿음의 합당성을 보고 들어 주신다. 믿음의 합당성이란 하나님의 말씀과 하나님의 뜻에 어긋남이 없어야 함을 말한다.

넷째로, 하나님은 '변치 않는' 하나님이시라는 것이다.

변치 않는 하나님이란, 하나님의 본질과 속성이 영원히 변치 않는다는 것을 말한다. 하나님의 본질과 속성이 시대와 환경과 지역과 조건과 사람에 따라 변한다면 더 이상 하나님이 되실 수가 없다. 시대가 변하고, 환경이 변하고, 사람은 변하고, 거짓말하고, 속이고, 배신하지만 하나님께서는 영원히 변치 않으신다는 것을 깨닫고 믿어야 한다.

"나 여호와는 변하지 아니하나니" (말 3:6)

"그는 변함도 없으시고 회전하는 그림자도 없으시니라" (약 1:17)

"하나님은 사람이 아니시니 거짓말을 하지 않으시고 인생이 아니시니 후회가 없으시도다 어찌 그 말씀하신 바를 행하지 않으시며 하신 말씀을 실행하지 않으시랴" (민 23:19)

사람은 상황에 따라, 여건에 따라, 조건에 따라 이랬다저랬다 생각과 뜻이 바뀌지만 창조주 하나님께서는 영원히 변하지 않으시는 것이 그분의 속성이다.

특별히 인간을 구원하시려는 하나님의 계획과 방법과 심판, 하나님의 말씀, 하나님의 약속은 영원히 변하지 않는다.

## 2. 내적(內的)으로 변할 수 없는 하나님의 고유한 속성

첫째로, 하나님은 거룩하시다는 것이다.

거룩함이란, 분리와 구별을 뜻하므로, 창조주 하나님은 죄악 된 세상에서 죄인들과는 구별되고 분리되어 있는 본질적으로 거룩하신 분이라는 것이다.

"나는 여호와 너희 하나님이라 내가 거룩하니 너희도 몸을 구별하여 거룩하게 하고 땅에 기는 길짐승으로 말미암아 스스로 더럽히지 말라 나는 너희의 하나님이 되려고 너희를 애굽 땅에서 인도하여 낸 여호와라 내가 거룩하니 너희도 거룩할지어다" (레 11:44-45)

"너희는 나에게 거룩할지어다 이는 나 여호와가 거룩하고 내가 또 너희를 나의 소유를 삼으려고 너희를 만민 중에서 구별하였음이니라" (레 20:26)

내적으로 하나님의 근본 속성은 '거룩'이다. 구약 시대에는 창조주 하나님께서 너무 거룩하시기 때문에 감히 죄인인 인간이 직접 하나님 앞에 나아가 만날 수가 없어서 하나님과 인간 사이에 "중보자"인 선지자와 제사장을 세워 창조주 하나님과 교통하게 하였다.

신약 성경에 보면, 예수님께서 육신의 몸을 입고 이 땅에 오셔서 3년 반 동안 사역하실 때, 귀신이 사람의 입을 통해 예수님에게 '하나님의 거룩한 자니이다.'라고 하며, 예수님의 정체를 드러내는 것을 볼 수 있다.

"나사렛 예수여 우리가 당신과 무슨 상관이 있나이까 우리를 멸하러 왔나이까 나는 당신이 누구인 줄 아노니 하나님의 거룩한 자니이다" (막 1:24)

"아 나사렛 예수여 우리가 당신과 무슨 상관이 있나이까 우리를 멸하러 왔나이까 나는 당신이 누구인 줄 아노니 하나님의 거룩한 자니이다" (눅 4:34)

그런가 하면 천사가 마리아에게 예수님의 잉태를 예고하면서 "성령이 네게 임하시고 지극히 높으신 이의 능력이 너를 덮으시리니 이러므로 나실 바 거룩한 이는 하나님의 아들이라 일컬어지리라"(눅 1:35)라고 하여 예수님이 거룩한 하나님이라는 것을 밝히고 있다.

그러므로 우리가 믿는 창조주 하나님, 예수 그리스도의 내적 속성은 본래 죄가 없으신 거룩하신 분이시라는 것이다. 하나님의 근본 속성은 '거룩함'이다. 그러므로 하나님은 하나님을 믿는 성도들도 거룩하기를 원하신다.

둘째로, 하나님은 '사랑'이시라는 것이다.

우리말로 사랑을 표현하기는 쉽지 않다. 국어사전에서는 '사랑'을 '어떤 상대를 애틋하게 그리워하고 열렬히 좋아하는 마음'이라고 정의하고 있다. 그러나 사랑을 명확히 정의하기는 쉽지가 않다.

헬라어로 '사랑'을 표현하는 단어는 4가지가 있다.

㉠ 에로스(ἔρος) ㉡ 스톨게(στὸργη) ㉢ 필리아(φιλία) ㉣ 아가페(ἀγάπη)

에로스(ἔρος)는 신약 성경에는 나오지 않는 단어로 헬라인들이 남녀 간에 이성과의 육체적 쾌락을 추구할 때 표현하는 말이다. 조건적인 육체적 사랑을 의미한다.

스톨게(στὸργη)는 의무가 따르는 사랑으로서 자녀에 대한 부모의 사랑과 같은 가족 간의 혈연적 사랑을 의미하며, 성경에는 거의 나오지 않는다.

필리아(φιλία)란 우정의 사랑으로서 상호간에 교제를 나눔으로써 즐거움과 기쁨을 주는 관계인 친구나 형제에게 기꺼이 베푸는 사랑을 의미한다.

예수님은 "사람이 친구(필론, φίλον)를 위하여 자기 목숨을 버리면 이보다 더 큰 사랑(아가펜, ἀγάπην)이 없나니"(요15:13)라고 말씀하시면서 친구를 위한 희생이 가장 큰 사랑임을 가르치시고 있다. 또한 "너희가 나의 명하는 대로 행하면 곧 나의 친구(휘메이스 필로이, ὑμεῖς φίλοι)라"(요 15:14)라고도 말씀하셨다.

아가페(ἀγάπη)는 아무 보상도 바라지 않고 조건 없이 사랑받는 대상에게 아낌없이 주는 헌신과 희생의 사랑을 의미한다.

이천 년 전에 예수님께서 이 땅에 육신의 몸을 입고 오셔서 십자가에 피 흘려 죽으심으로써 인류의 죄를 사하시고 구원하신 것은 하나님께서 내적으로 갖고 계신 근본 속성인 아가페(ἀγάπη) 사랑 때문이다.

아가페(ἀγάπη) 사랑이란, 차별 없이 조건 없이 사랑받는 대상에게 어떤 보상도 바라지 않고 아낌없이 주고 또 주는 헌신과 희생의 사랑이다. 예수님은 이 아가페(ἀγάπη) 사랑을 실천하신 하나님이시다.

"우리가 아직 죄인 되었을 때에 그리스도께서 우리를 위하여 죽으심으로 하나님께서 우리에 대한 자기의 사랑을 확증하셨느니라" (롬 5:8)

"하나님이 우리를 사랑하시는 사랑을 우리가 알고 믿었노니 하나님은 사랑이시라 사랑 안에 거하는 자는 하나님 안에 거하고 하나님도 그의 안에 거하시느니라" (요일 4:16)

"사랑하지 아니하는 자는 하나님을 알지 못하나니 이는 하나님은 사랑이심이라" (요일 4:8)

"하나님이 세상을 이처럼 사랑하사 독생자를 주셨으니 이는 그를 믿는 자마다 멸망하지 않고 영생을 얻게 하려 하심이라" (요 3:16)

"새 계명을 너희에게 주노니 서로 사랑하라 내가 너희를 사랑한 것같이 너희도 서로 사랑하라" (요 13:34)

예수님께서 성도들에게 서로 사랑하라 하신 말씀이 바로 이 아가페(ἀγάπη) 사랑을 주라고 하신 것이다. 할렐루야! 이 얼마나 놀라운 하나님의 사랑인가?

"나의 사랑 너는 어여쁘고 아무 흠이 없구나" (아 4:7)

창조주 하나님은 구원 받은 성도를 아가서의 솔로몬 왕이 술람미 여인을 사랑하듯이 사랑하셔서 성도들의 어떤 흠도 보시지 않는 것 그것이 바로 아가페의 사랑인 것이다.

그러나 하나님의 사랑의 속성 때문에 죄인들이 용서받고 구원을 받지만, 창조주 하나님께서 공의의 속성으로 나타나실 때는 용서가 없다는 것도 깨달아야 한다. 그러므로 하나님께서 사랑의 속성으로 역사하실 때 회개하고 구원받아야 한다.

셋째로, 창조주 하나님은 '공의(公義)'의 하나님이시라는 것이다.

창조주 하나님의 속성 가운데는 사랑의 속성도 있지만, 그와 대조되는 공의의 속성도 있음을 깨달아야 한다. 사랑의 하나님은 인간이 어떤 죄를 짓고 잘못을 해도 진심으로 회개하면 용서해 주시지만, 공의의 하나님으로 나타나실 때는 잘한 것은 보상(報償)해주시지만, 잘못한 것은 가차 없이 형벌(刑罰)를 가하시는 것이 공의의 하나님의 속성이시다.

그러므로 그리스도인들은 하나님의 말씀에 순종하면 보상이 따르지만, 반대로 하나님을 믿지 않고, 불순종하고, 타락하는 자에게는 형벌이 가해지는 하나님의 공의의 속성도 있음을 분명히 깨달아야 한다.

"그런즉 너는 알라 오직 네 하나님 여호와는 하나님이시요 신실하신 하나님이시라 그를 사랑하고 그의 계명을 지키는 자에게는 천 대까지 그의 언약을 이행하시며 인애를 베푸시되 그를 미워하는 자에게는 당장에 보응하여 멸하시나니 여호와는 자기를 미워하는 자에게 지체하지 아니하시고 당장에 그에게 보응하시느니라" (신 7:9-10)

"하나님께서 각 사람에게 그 행한 대로 보응하시되 참고 선을 행하여 영광과 존귀와 썩지 아니함을 구하는 자에게는 영생으로 하시고 오직 당을 지어 진리를 따르지 아니하고 불의를 따르는 자에게는 진노와 분노로 하시리라" (롬 2:6-8)

"그는 반석이시니 그가 하신 일이 완전하고 그의 모든 길이 정의롭고 진실하고 거짓이 없으신 하나님이시니 공의로우시고 바르시도다" (신 32:4)

"공의로 세계를 심판하심이여 정직으로 만민에게 판단을 내리시리로다" (시 9:8)

"상한 갈대를 꺾지 아니하며 꺼져가는 등불을 끄지 아니하고 진실로 정의를 시행할 것이며" (사 42:3)

"또 내가 하늘이 열린 것을 보니 보라 백마와 그것을 탄 자가 있으니 그 이름은 충신과 진실이라 그가 공의로 심판하며 싸우더라" (계 19:11)

성경에서 창조주 하나님을 믿고 순종하는 사람에게는 보상이 주어지고, 창조주 하나님을 거역하고 불순종하는 사람들에게는 형벌이 가해지는 것은 하나님의 근본 속성 가운데 공의의 속성 때문이다.

### 결론

하나님은 시간과 공간을 초월해 어느 곳에나 계시고, 전지하신 하나님이시기에 모든 것을 아시고, 전능하신 하나님이시기에 능력이 무한하시고, 변치 않는 하나님이시기에 그리스도인들의 믿음을 실망시키지 않으실 뿐 아니라, 하나님은 거룩하시고, 사랑에 무한하시며, 차별이 없이 공의로 다스리시는 하나님이시라는 것이다. 그러므로 그리스도인들은 창조주 하나님의 속성이 무엇인지 깨닫고 하나님을 진실하게 믿고 섬겨야 한다.

제4강

하나님의 성품
(벧후 1:4-7)

# 제4강

# 하나님의 성품 (벧후 1:4-7)

아는 만큼 보고, 아는 만큼 믿는다는 말이 있다. 사람이 무엇인가 많이 알면 알수록 많이 보고, 많이 믿게 된다. 이 원리를 그리스도인들의 신앙생활에 적용하면 그리스도인들도 아는 만큼 보고, 아는 만큼 믿게 되기 때문에 그리스도인들이 자신이 믿는 창조주 하나님께서 어떤 분이신지를 정확히 모르면 올바로 믿을 수가 없다.

창조주 하나님을 정확히 알지 못하면 당연히 이단 사이비 종파나 여러 우상 신에 현혹되고 미혹되어 현세뿐만 아니라 내세까지 완전히 망치게 된다.

그러므로 그리스도인들은 자신의 신앙을 늘 객관적으로 스스로 점검하고 진단하고 살펴보아야 한다. 왜냐하면 우리 주변에는 사이비 종파나 이단의 잘못된 가르침의 유혹이 너무 많기 때문에 나 자신도 모르는 사이 그 잘못된 비진리의 신앙에 감염될 수 있기 때문에 늘 자신의 신앙을 진단하고 점검하고 살펴보아야 한다.

"너희는 믿음 안에 있는가, 너희 자신을 시험(試驗)하고 너희 자신을 확증(確證)하라 예수 그리스도께서 너희 안에 계신 줄을 너

희가 스스로 알지 못하느냐 그렇지 않으면 너희는 버림받은 자니라" (고후 13:5)

"우리가 우리를 살폈으면 판단을 받지 아니하려니와" (고전 11:31)

그리스도인의 신앙생활의 현세와 내세에 바른 길잡이는 오직 성경이다. 하지만 그 성경을 가르치는 매개체는 사람이기 때문에 성경을 가르치는 사람이 진리(성경)의 말씀을 정확히 깨달은 사람인지 분별하고 진단하고 확인하는 것은 성경을 배우는 사람의 책임이다.

그런데 문제는 성경을 배우는 사람 입장에서 성경을 가르치는 인도자가 진리의 말씀을 정확하게 깨달았는지 그 지식의 수준을 확인하고 분별할 안목이 없다는 것이 문제다.

그러므로 진리의 말씀을 정확하게 깨달은 지도자를 만나는 것은 은총이고 축복이라 아니할 수 없다.

사도 베드로는 '신성(神性)한 성품(divine nature)'에 참여하는 자가 되라고 말씀하면서 신성한 성품에 참여하는 것이 무엇인지 말씀하고 있다. (벧후 1:4-7)

성품이란, 국어사전에는 '사람의 성질과 됨됨이'라고 정의해 놓았다. 성품(性品)을 한자어로 분석하면, 성품 성(性)자는 마음심(忄)변에 날생(生)자를 합성한 글자로 그 뜻을 해석하면 인간이 태어날 때부터 갖고 있는 성격이나 기질이라 할 수 있다. 그러므로 성품이란, 성질, 품격, 감정, 생각, 행동의 총체적인 감정을 드러내는 표현을 성품이라 한다. 사람에게 성품이 있듯이 하나님에게도 성품이 있다.

앞서 제1강에서는 하나님의 존재와 본질, 제2강에서는 하나님의 실존의 계시, 제3강에서는 하나님의 속성은 무엇인지에 대해 논하였다. 이제 제4강에서는 하나님의 성품에 대해 논하고자 한다.

성경에서 가르치는 하나님의 성품의 속성은 '거룩성'이다.

하나님은 "내가 거룩하니 너희도 거룩하라"(벧전 1:16)라고 하셨다.

그렇다면 사도 베드로가 "신성한 성품에 참여하는 자가 되게 하려 하셨느니라"(벧후 1:4)라고 말씀하신 '신성한 성품'은 무엇일까?

창세기 1:26-27절에는 태초에 인간이 처음 창조될 때 수많은 피조물 가운데 인간만이 하나님의 형상과 모양으로 창조되었다고 기록하고 있다.

하나님의 형상과 모양으로 창조되었다는 것은 인간이 창조될 때 특별히 하나님의 형상, 하나님의 속성을 따라 '거룩하게' 창조되었다는 것이다.

"하나님이 이르시되 우리의 형상(形象)을 따라 우리의 모양대로 우리가 사람을 만들고 그들로 바다의 물고기와 하늘의 새와 가축과 온 땅과 땅에 기는 모든 것을 다스리게 하자 하시고, 하나님이 자기 형상 곧 하나님의 형상대로 사람을 창조하시되 남자와 여자를 창조하시고" (창 1:26-27)

태초에 수많은 피조물 가운데 인간만이 하나님의 형상을 따라 창조 되었다는 것은 인간만이 하나님의 성품을 따라 영적으로 거룩하게 창조되었음을 가르치는 것이다.

이처럼 첫 사람 아담과 하와가 하나님의 형상, '거룩함'의 속성을 따라 창조되었는데, 그들은 에덴동산에서 하나님께서 먹지 말라는 선악과를 따 먹음으로써 하나님의 말씀에 불순종하여 에덴동산에서 쫓겨났고, 이 땅에는 죄와 질병과 저주와 가난과 사망이 들어와 인간에게 내재된 하나님의 형상(image)인 『거룩함』이 크게 훼손되었다는 것이다. 인간에게 주어진 하나님의 형상이 훼손되었다는 것은 하나님께서 인간에게 주신 성품 거룩성이 훼손되었음을 의미한다.

"그들이 그날 바람이 불 때 동산에 거니시는 여호와 하나님의 소리를 듣고 아담과 그의 아내가 여호와 하나님의 낯을 피하여 동산 나무 사이에 숨은지라 여호와 하나님이 아담을 부르시며 그에게 이르시되 네가 어디 있느냐 이르되 내가 동산에서 하나님의 소리를 듣고 내가 벗었으므로 두려워하여 숨었나이다." (창 3:8-10)

아담과 하와가 하나님의 말씀에 불순종하여 선악과를 따 먹은 뒤에는 하나님의 형상 즉 거룩성이 크게 훼손되어 하나님 앞에 나아갈 수 없게 되었을 뿐 아니라, 이제는 하나님을 두려워해 피하고 숨었다는 것이다.

마찬가지로 오늘날도 인간이 세상을 살아가면서 알게 모르게 죄를 범하면, 첫째는, 양심(良心)에 가책을 받아 하나님을 두려워하게 되고. 둘째는, 사탄 마귀가 죄를 범한 사람의 심령(양심) 속에 '네가 이러이러한 죄를 범하고도 하나님 앞에 나갈 수 있느냐?'라고 양심에 속삭여서 '그래, 나 같은 죄인이 하나님 앞에 나갈 수 없지'라고 스스로 자신을 정죄하여 하나님을 떠나고 교회를 떠나기도 한다.

아주 오래 전 필자가 목회하던 교회에 초, 중, 고등학생 시절 신앙생활을 잘하던 학생이 있었다. 대학 입시에 서울의 상위권 대학에 합격을 하였다. 그런데 합격한 그 대학의 학생회에서 강원도 어느 곳에서 1박 2일 신입생 오리엔테이션을 한다는 연락을 받고 그 다음날이 고등학교 졸업식임에도 불구하고 오리엔테이션에 참석을 했다. 거기서 선배들이 권하는 술을 처음에는 예수 믿는다고 사양했지만 선배들의 강압에 못 이겨 몇 잔 받아먹고 고등학교 졸업식도 참석 못하고 집으로 돌아와서 '나는 이제 술을 먹었으니 교회에 갈 수 없다.' 라며 스스로 자신을 정죄하여 그날로 교회를 떠나 지금까지 어디서 무엇을 하는지 소식이 없다.

이처럼 한때 예수 잘 믿던 사람들이 어느 순간에 죄를 범했다고 생각하면 스스로 자신을 정죄하여 교회와 하나님을 떠나는 경우를 종종 보게 되는데, 이는 사탄 마귀가 생각과 마음(양심)에 죄책감을 심어주기 때문이다.

그래서 필자가 주장하는 것은 절대로 죄(罪)가운데 있을지라도 성도가 하나님과 교회를 떠나서는 안 된다는 것이다. 교회를 떠나지 않고 성도들과 교제하고 예배에 참여하면 언젠가는 깨닫고 회개할 수 있는 기회를 얻게 된다.

다윗왕도 간음죄와 살인죄라는 엄청난 죄를 범했지만 깨닫고 하나님께 철저하게 회개하여 하나님으로부터 이스라엘의 인정받는 왕이 되지 않았는가?

"오라 우리가 서로 변론하자 너희의 죄가 주홍 같을지라도 눈과 같이 희어질 것이요 진홍같이 붉을지라도 양털같이 희게 되리

라" (사 1:18)

하나님은 죄를 범하고 잘못했을지라도 회개하고 돌이킬 때 기뻐하신다는 것이다. "내가 너희에게 이르노니 이와 같이 죄인 하나가 회개하면 하늘에서는 회개할 것 없는 의인 아흔아홉을 인하여 기뻐하는 것보다 더하리라" (눅 15:7) "주의 약속은 어떤 이의 더디다고 생각하는 것같이 더딘 것이 아니라 오직 너희를 대하여 오래 참으사 아무도 멸망치 않고 다 회개하기에 이르기를 원하시느니라" (벧후 3:9)

성경에 보면 아담과 하와는 하나님의 말씀에 불순종하여 선악과를 따먹은 뒤 하나님의 '거룩성'이 크게 훼손되었고, 결국은 에덴동산에서 쫓겨나 세상에는 죄와 저주와 가난과 질병과 사망이 들어왔다. 이제 인류는 죄 값을 치루지 않으면 영원히 구원받을 수 없기에 창조주 하나님께서 다시 훼손된 하나님의 형상을 회복시켜 인류의 죄를 사하시고 구원할 길을 열어주셨는데, 그 길이 바로 이천 년 전에 육신의 몸을 입고 이 땅에 오신 예수 그리스도를 믿고 영접하여 구원받는 것이다.

그러므로 인간에게 훼손된 하나님의 거룩의 형상을 회복하려면 어떻게 해야 하는지 본서를 통해 논하고자 한다.

## 1. 인간이 예수 그리스도를 믿고 마음에 예수 그리스도를 영접해야 하나님의 거룩의 형상을 다시 회복할 수 있다는 것이다.

"나의 자녀들아 너희 속에 그리스도의 형상을 이루기까지 다시

너희를 위하여 해산하는 수고를 하노니" (갈 4:19)

「현대어 성경」에는 "오 나의 형제들이여 여러분이 내 마음을 얼마나 아프게 했는지 여러분은 모를 것입니다. 나는 여러분 속에 그리스도의 형상이 온전히 이루어질 때를 기다리면서 태어날 아기를 기다리는 산모의 해산의 고통을 다시 한 번 겪고 있습니다."라고 되어 있다.

사도 바울은 인간에게 훼손된 하나님의 형상을 다시 회복시키기 위해 임신한 여인이 아기를 낳는 해산의 수고를 겪고 있다는 것이다. 사역자 또는 전도자, 성도들이 불신자를 전도하여 예수 믿고 구원받아 하나님의 형상을 회복하게 하기 까지는 여인이 해산하는 것과 같은 수고와 고통이 따른다는 것이다.

그러므로 한 사람이 예수 믿고 구원받고 하나님의 형상을 회복하고 천국에 입성하기까지는 전도자나 사역자의 수많은 수고와 고통이 따른다. 당신이 예수 믿고 구원받았다면 누군가가 당신을 위해 영적으로 해산의 수고를 하였다는 것을 잊지 말고 기억하며 감사할 줄 알아야 한다.

「천로역정」이라는 책에 보면 존 번연(John Bunyan)이 감옥에서 쓴 책인데, 전 세계에서 성경 다음으로 많이 팔렸을 뿐 아니라, 영화로까지 만들어져 수많은 사람들에게 큰 감동과 교훈을 주었다.

필자는 목회를 시작하기 전인 1981년도 즈음에 부산 국제시장 부근의 기독교 백화점에서 시청각부 사업을 하면서 부산·경남 일대 교회와 대학교 동아리의 요청을 받고 기독교 영화를 상영해준 적이 있었다. 그때 「천로역정」을 상영해 준 것이 기억에 새롭다.

「천로역정」의 내용은 주인공 기독도(크리스천)가 예수 믿고 장망성(장차 망할 세상)을 떠나 천성을 향해 가는 과정에서 수많은 유혹과 미혹과 핍박과 고난과 죽음의 위험을 견뎌내는 이야기이다. 이렇게 한 사람이 예수 믿고 천국에 들어가는 과정은 장차 망할 세상을 떠나 좁은 문, 좁은 길로 천성을 향하여 가는 험난한 과정인 것이다.

그러므로 신앙생활이란, 영적으로 사탄 마귀가 지배하는 죄 많은 세상에서 그리스도인들이 하나님을 믿는다는 이유 때문에 이런저런 유혹과 핍박과 시련과 고통을 참고, 견뎌내고, 이겨내야 하는 일이다.

그래서 예수님께서도 신앙생활이란 좁은 문, 좁은 길로 가는 것이기에 찾는 자가 적고 믿는 자가 적다고 하셨다.

"좁은 문으로 들어가라 멸망으로 인도하는 문은 크고 그 길이 넓어 그리로 들어가는 자가 많고 생명으로 인도하는 문은 좁고 길이 협착하여 찾는 자가 적음이라" (마 7:13-14)

또 사도 바울은 인간이 에덴동산에서 쫓겨날 때 거룩의 형상이 깨어졌는데, 그 깨어진 거룩의 형상을 다시 회복하기 위해서는 반드시 이천년 전에 육신의 몸을 입고 이 땅에 오셔서 십자가에서 피흘려 죽으신 예수 그리스도를 마음으로 믿고, 입술로 고백하고, 마음속에 예수 그리스도를 영접해야 깨어지고 훼손된 하나님의 거룩의 형상(image)을 회복할 수 있다고 하였다.

"네가 만일 네 입으로 예수를 주로 시인하며 또 하나님께서 그를 죽은 자 가운데서 살리신 것을 네 마음에 믿으면 구원을 받으리라

사람이 마음으로 믿어 의에 이르고 입으로 시인하여 구원에 이르느니라" (롬 10:9-10)

그런데 예수 그리스도를 마음으로 믿고 영접하기 위해서는 반드시 전도자의 전도나 성경을 읽고 배워 하나님 말씀을 들어야 한다. 믿음은 절대로 저절로 생기지 않는다.

"그러므로 믿음은 들음에서 나며 들음은 그리스도의 말씀으로 말미암았느니라" (롬 10:17)

하나님을 믿는 믿음은, 기록된 성경 66권의 말씀을 읽을 때, 하나님의 말씀을 설교로 들을 때, 귀와 눈과 마음이 열려 믿음이 생겨나게 된다.

그래서 그리스도인들은 절대로 교회의 공적인 예배에 빠지면 안 된다. 교회의 공적인 예배에 빠지면 말씀을 듣지 못해 신앙이 성장할 수 없게 된다. 말씀을 들어야 마음에 감동을 받고, 마음에 감동을 받아야 믿음이 생겨서 기도하게 되고 헌신하게 되고 성장하게 되는 것이다.

"영접하는 자 곧 그 이름을 믿는 자들에게는 하나님의 자녀가 되는 권세를 주셨으니 이는 혈통으로나 육정으로나 사람의 뜻으로 나지 아니하고 오직 하나님께로부터 난 자들이니라" (요 1:12-13)

"누구든지 사람 앞에서 나를 시인하면 나도 하늘에 계신 내 아버지 앞에서 그를 시인할 것이요 누구든지 사람 앞에서 나를 부인하면 나도 하늘에 계신 내 아버지 앞에서 그를 부인하리라" (마 10:32-33)

성경의 가르침은 누구든지 예수 믿고, 마음속에 예수님을 영접하고, 물과 성령으로 거듭나면, 아담 이후에 깨어지고 훼손된 하나님의 형상이 회복되고, 하나님의 형상이 회복되면 하나님을 '아버지'라 부르게 되는 것이다.

"무릇 하나님의 영으로 인도함을 받는 사람은 곧 하나님의 아들이라 너희는 다시 무서워하는 종의 영을 받지 아니하고 양자의 영을 받았으므로 우리가 아빠 아버지라고 부르짖느니라 성령이 친히 우리의 영과 더불어 우리가 하나님의 자녀인 것을 증언하시나니" (롬 8:14-16)

"새 사람을 입었으니 이는 자기를 창조하신 이의 형상을 따라 지식에까지 새롭게 하심을 입은 자니라" (골 3:10)

"너희는 유혹의 욕심을 따라 썩어져 가는 구습을 따르는 옛사람을 벗어 버리고, 오직 너희의 심령이 새롭게 되어, 하나님을 따라 의와 진리의 거룩함으로 지으심을 받은 새 사람(새 형상)을 입으라" (엡 4:22-24)

「현대어 성경」"여러분의 그 낡고 악한 옛사람을 뽑아 던지십시오. 여러분의 그 낡고 악한 옛사람이야말로 육욕과 속임수로 가득차서 속속들이 다 썩어 버린 지난날 여러분의 자화상입니다. 이제 여러분은 태도와 생각을 새롭게 바꾸어야 합니다. 여러분은 전혀 다른 새사람 거룩하고 선한 사람이 되어야 합니다. 여러분은 새사람이 되십시오." (엡 4:22-24)

인간이 하나님 앞에 나아가려면, 먼저 깨어지고 훼손된 하나님의 형상이 회복되어야 하나님과 교통할 수 있게 된다. 깨어지고 훼손된 하나님의 형상을 회복하려면 오직 예수 믿고, 물과 성령으로 거듭나야 한다(요 3:3-5).

## 2. 그리스도인이 믿음의 행위(行爲)를 드러내는 것이 하나님의 형상이 회복되었음을 증언하는 것이다.

사람이 예수 믿고 믿음의 행위를 드러내는 것이 무엇인가?

첫째로, 죄(罪)에 대한 회개(悔改)이다. 인간은 태어날 때부터 누구나 아담과 조상으로부터 원죄와 죄를 유전 받아 태어나기 때문에 죄인이라는 것이다.

"모든 사람이 죄를 범하였으매 하나님의 영광에 이르지 못하더니" (롬 3:23)

예수 그리스도를 구세주로 고백하고 영접할 때 하나님께 자신의 죄에 대해 철저하게 회개하지 않은 믿음은 가증한 믿음이다. 회개는 육신의 몸을 입고 있는 동안에만 기회가 주어진다. 육신의 몸을 벗어나 죽은 사람은 절대로 회개할 수 없다.

"베드로가 이르되 너희가 회개하여 각각 예수 그리스도의 이름으로 침례를 받고 죄 사함을 받으라 그리하면 성령의 선물을 받으리니 이 약속은 너희와 너희 자녀와 모든 먼 데 사람 곧 주 우리 하나님이 얼마든지 부르시는 자들에게 하신 것이라 하고" (행 2:38-39)

"그러므로 너희가 회개하고 돌이켜 너희 죄 없이 함을 받으라 이같이 하면 새롭게 되는 날이 주 앞으로부터 이를 것이요" (행 3:19)

둘째로, 죄(罪) 사함 받기 위해 예수의 이름으로 물 침례를 받는 것은 죄를 물속에 장사(葬事)지내는 것이다.

"그러므로 우리가 그의 죽으심과 합하여 침례를 받음으로 그와 함께 장사되었나니" (롬 6:4)

"너희가 침례로 그리스도와 함께 장사되고" (골 2:12)

뿐만 아니라, 물 침례는 불신자가 처음으로 예수 믿는 믿음과 신앙을 외적으로 다른 사람에게 드러내는 첫 표현이다. 침례는 깨어지고 훼손된 하나님의 형상을 회복해가는 첫 발걸음이기도 하다.

그러므로 예수의 이름으로 받는 물 침례를 가볍게 여기지 말라. 예수의 이름으로 받는 물 침례는 영혼의 구원과 깊은 관계가 있음을 깨달아야 한다. 사도행전의 초대교회는 예수의 이름으로 받는 물 침례를 아주 중요하게 여겼다.


셋째로, 죄를 회개하고 예수의 이름으로 물 침례를 받은 사람은 성령을 선물로 받아야 한다(행 2:38).

성령을 선물로 받는다는 것은 하나님의 영(靈)을 영접하는 것이다.

"만일 너희 속에 하나님의 영(Spirit)이 거하시면 너희가 육신에 있지 아니하고 영에 있나니 누구든지 그리스도의 영이 없으면 그리스도의 사람이 아니라" (롬 8:9)

하나님의 형상이 깨어지고 훼손된 인간이 인류의 구원자 예수 그리스도를 믿고, 죄를 회개하고, 죄 사함 받음으로써 아담 이후에 깨어지고 훼손된 하나님의 형상이 회복되어 비로소 하나님의 성품을 갖게 되는 것이다.

그러므로 사도 베드로가 말씀한 '신성한 성품'에 참여하는 자가 되기 위해서는 자신의 죄를 회개하고, 마음에 예수 그리스도를 영접하고, 죄 사함 받기 위해 예수 이름으로 물 침례를 받고, 성령을 받아야 새 생명 가운데 살게 하시는 하나님의 신성한 성품에 참여하게 된다.

뿐만 아니라, 사도 바울이 "그런즉 누구든지 그리스도 안에 있으면 새로운 피조물이라 이전 것은 지나갔으니 보라 새것이 되었도다."(고후 5:17)라고 말씀한 것처럼, 사람이 예수 그리스도를 믿고 물과 성령으로 거듭나면(요 3:3-5) 그리스도 안에서 새로운 피조물이 되어 아담 이후에 깨어지고 훼손된 하나님의 형상이 회복된다는 것이다. 그러므로 그리스도인이 된다는 것은 첫 사람 아담과 하와에 의해 훼손된 하나님의 형상을 예수님을 믿음으로 다시 회복하여 새로운 피조물로 탄생되는 것을 의미한다.

"하나님을 따라 의와 진리의 거룩함으로 지으심을 받은 새 사람을 입으라" (엡 4:24)

그러면 신성한 성품은 무엇이며, 사람이 어떻게 신성한 성품에 참여할 수 있을까? '신성한 성품'은 앞에서 말한 것처럼 하나님의 '거룩'이다.

"나는 너희의 하나님이 되려고 너희를 애굽 땅에서 인도하여 낸 여호와라 내가 거룩하니 너희도 거룩할지어다" (레 11:45)

성경에는 '거룩'이라는 단어가 무려 447번이나 기록되어 있다.

"기록되었으되 내가 거룩하니 너희도 거룩할지어다 하셨느니

라" (벧전 1:16)

"너는 이스라엘 자손의 온 회중에게 말하여 이르라 너희는 거룩하라 이는 나 여호와 너희 하나님이 거룩함이니라" (레 19:2)

"너희는 스스로 깨끗하게 하여 거룩할지어다 나는 너희의 하나님 여호와이니라" (레 20:7)

"너희는 나에게 거룩할지어다 이는 나 여호와가 거룩하고 내가 또 너희를 나의 소유로 삼으려고 너희를 만민 중에서 구별하였음이니라" (레 20:26)

"하나님의 뜻은 이것이니 너희의 거룩함이라" (살전 4:3)

창조주 하나님의 본래의 성품은 거룩하신 하나님이시기 때문에 하나님을 믿는 그리스도인들도 거룩하라는 것이다.

그리스도인이 신앙생활을 통해 거룩을 회복하는 것이 '신성한 하나님의 성품'에 참여하는 것이다.

## 3. 그럼 인간이 어떻게 거룩해질 수 있을까?

첫째로, 사람이 예수 믿고 물과 성령으로 거듭나는 것이 거룩의 시작이다.

"이제는 왜 주저하느냐 일어나 주의 이름을 불러 침례를 받고 너의 죄를 씻으라 하더라" (행 22:16)

예수 그리스도를 믿기로 결심하고 죄를 회개한 사람들에게 초대교회에서는 예수님 이름으로 물 침례를 행했는데, 예수님의 이름으로 물 침례를 주는 것은 죄를 씻는 일과 밀접하게 연관되어 있다는 것을 의미한다. 그러므로 예수님 이름으로 받는 물 침례는 예수님께서 제정하신 죄를 씻는 법칙이다.

"예수께서 대답하여 이르시되 진실로 진실로 네게 이르노니 사람이 거듭나지 아니하면 하나님의 나라를 볼 수 없느니라 니고데모가 이르되 사람이 늙으면 어떻게 날 수 있사옵나이까 두 번째 모태에 들어갔다가 날 수 있사옵나이까 예수께서 대답하시되 진실로 진실로 네게 이르노니 사람이 물과 성령으로 나지 아니하면 하나님의 나라에 들어갈 수 없느니라" (요 3:3-5)

예수님께서 말씀하신 『물』은, 죄 사함 받기 위해 예수의 이름으로 받는 물 침례를 의미한다. 그래서 초대교회 사도들은 죄를 회개하고 예수님을 마음에 영접한 모든 사람들에게 예수의 이름으로 물 침례를 주었다. (행 2:38, 8:12, 10:47 -48)

"우리를 구원하시되 우리가 행한 바 의로운 행위로 말미암지 아니하고 오직 그의 긍휼하심을 따라 중생의 씻음과 성령의 새롭게 하심으로 하셨나니" (딛 3:5)

"너희 중에 이와 같은 자들이 있더니 주 예수 그리스도의 이름과 우리 하나님의 성령 안에서 씻음과 거룩함과 의롭다 하심을 받았느니라" (고전 6:11)

"고린도에 있는 하나님의 교회 곧 그리스도 예수 안에서 거룩하여지고 성도라 부르심을 받은 자들과 또 각처에서 우리의 주 곧 그들과 우리의 주 되신 예수 그리스도의 이름을 부르는 모든 자들에게 하나님 우리 아버지와 주 예수 그리스도로부터 은혜와 평강이 있기를 원하노라" (고전 1:2-3)

하나님의 형상이 깨어지고 훼손된 인간에게 하나님의 형상을 다시 회복시켜주시기 위해서 하나님께서는 사람이 예수 믿고 죄를 회개하고, 예수의 이름으로 물 침례 받고, 하나님의 성령을 받게 하시는 것이다.

둘째로, 말씀과 기도로 깨끗하게 된다는 것이다.
"하나님의 말씀과 기도로 거룩하여짐이라" (딤전 4:5)
"이는 곧 물로 씻어 말씀으로 깨끗하게 하사 거룩하게 하시고" (엡 5:26)

구약 시대 제사장들이 하나님 앞에 나아갈 때 항상 물두멍에서 손과 얼굴을 씻었던 것처럼 교회 시대 그리스도인들도 하나님 앞에 나아가 예배를 통해 말씀을 듣고 깨달아 회개하고 기도함으로써 '말씀과 기도'로 깨끗해질 수 있다는 것이다. 그러므로 그리스도인들은 66권의 성경 말씀 읽기와, 말씀을 붙들고 기도하기에 게으르면 안 된다.

하나님께서는 깨어지고 훼손된 하나님의 형상을 회복하고 거룩하게 하시기 위해서 우리를 부르신 것이다.

"나는 참 포도나무요 내 아버지는 농부라 무릇 내게 붙어 있어 열매를 맺지 아니하는 가지는 아버지께서 그것을 제거해 버리시고 무릇 열매를 맺는 가지는 더 열매를 맺게 하려 하여 그것을 깨끗하게 하시느니라 너희는 내가 일러 준 말로 이미 깨끗하여졌으니" (요 15:1-3)

"베드로가 이르되 내 발을 절대로 씻지 못하시리이다 예수께서 대답하시되 내가 너를 씻어 주지 아니하면 네가 나와 상관이 없느니라 시몬 베드로가 이르되 주여 내 발뿐 아니라 손과 머리도 씻어 주옵소서 예수께서 이르시되 이미 목욕한 자는 발밖에 씻을 필요가 없느니라 온몸이 깨끗하니라 너희가 깨끗하나 다는 아니니라 하시니" (요 13:8-10)

"하나님이 우리를 구원하사 거룩하신 소명으로 부르심은 우리의 행위대로 하심이 아니요 오직 자기의 뜻과 영원 전부터 그리스도 예수 안에서 우리에게 주신 은혜대로 하심이라" (딤후 1:9)

"모든 사람과 더불어 화평함과 거룩함을 따르라 이것이 없이는 아무도 주를 보지 못하리라" (히 12:14)

성경은 성도가 거룩하지 않으면 하나님을 볼 수 없다는 것이다.

셋째로, 하나님께서 인간을 거룩하게 하시는 것은 하나님 자신을 위한 것이다.

하나님께서 인간을 거룩하게 하시는 것은 하나님 자신을 위한 것이라는 이 말은 엄청나게 신비스러운 은혜라 할 수 있다. 거룩하신 창조주 하나님께서 죄로 더러워진 인간을 품어주시기 위해 먼저 더러워진 인간의 죄를 씻어 주셨다는 것이다.

"나 곧 나는 나를 위하여 네 허물을 도말(塗抹)하는 자니 네 죄를 기억하지 아니하리라" (사 43:25)

이사야 선지자는 거룩하신 하나님께서 죄로 더러워진 인간과 교제할 수 없기 때문에 먼저 인간의 죄를 씻을 필요성을 아시고, 인간의 죄를 씻는 제도를 만드셨다는 것이다.

"나는 나를 위하며 나를 위하여 이를 이룰 것이라 어찌 내 이름을 욕되게 하리요 내 영광을 다른 자에게 주지 아니하리라" (사 48:11)

"너희가 노년에 이르기까지 내가 그리하겠고 백발이 되기까지 내가 너희를 품을 것이라 내가 지었은즉 내가 업을 것이요 품고 구하여 내리라" (사 46:4)

예를 들면, 사랑하는 자녀가 밖에 나가 놀다가 더러운 오물이 옷과 몸에 잔뜩 묻어있다면 아무리 사랑하는 자녀라 해도 어느 부모가 그 자녀를 품에 안아줄 수 있겠는가? 일단 더러운 옷을 벗기고 몸을 씻어 준 다음에 자녀를 품에 안아주는 것처럼 하나님도 영적으로 인간에게 더러운 죄가 가득한 것을 보시고 인간의 더러운 죄를 씻은 다음에 품어주신다는 것이다.

인간이 창조될 때 본래 하나님의 형상과 모양, 즉 하나님의 성품을 닮게 창조되었기 때문에 하나님께서는 하나님 자신을 위해서 인간의 죄를 사해주시고, 용서해주시고, 사랑해주시고, 품어주신다는 것을 깨달아야 한다.

그러므로 하나님의 사랑은 아가페(ἀγάπη) 사랑으로서 사랑받는 대상에게 어떠한 보상도 바라지 않으시고 조건 없이, 차별 없이, 아낌없이 희생으로 주시는 사랑인 것이다.

"우리가 아직 죄인 되었을 때에 그리스도께서 우리를 위하여 죽으심으로 하나님께서 우리에 대한 자기의 사랑을 확증하셨느니라" (롬 5:8)

이것이 바로 신비요, 하나님의 은혜요, 비밀인 것이다.

## 4. 신성한 성품에 참여하는 단계

사도 베드로는 신성한 성품(divine nature)에 참여하는 단계를 "믿음에 덕을, 덕에 지식을, 지식에 절제를, 절제에 인내를, 인내에 경건을, 경건에 형제 우애를, 형제 우애에 사랑을 더하라"(벧후 1:4-7)라고 했다.

이 여덟 단계를 거쳐 하나님의 신성한 성품에 참여하는 자가 되라는 것이다.

첫째 단계는, 믿음 : 신앙인이나 비신앙인이나 믿음이 없이는 살아갈 수가 없다. 그런데 믿음에는 신앙인의 특별한 믿음이 있는가 하면, 비신앙인의 일반적인 믿음도 있다. 신앙인의 특별한 믿음은 그리스도인이 인류의 구원자인 예수 그리스도를 믿고 구원에 이르는 일차적인 단계이다.

"사랑하는 자들아 너희는 너희의 지극히 거룩한 믿음 위에 자신을 세우며 성령으로 기도하며" (유 1:20)

누구나 예수님을 믿는 일은 그 믿음 위에 신앙의 집을 지어가는 일이다.

"내게 주신 하나님의 은혜를 따라 내가 지혜로운 건축자와 같이 터(진리, 예수)를 닦아 두매 다른 이가 그(진리, 예수) 위에 세우나 그러나 각각 어떻게 그(진리, 예수) 위에 세울까를 조심할지니라 이 닦아둔 것(진리, 예수) 외에 능히 다른 터를 닦아 둘 자가 없으니 이 터는 곧 예수 그리스도라 만일 누구든지 금이나 은이나 보석이나 나무나 풀이나 짚으로 이 터(진리, 예수)위에 세우면 각 사람의 공적이 나타날 터인데 그날이 공적을 밝히리니 이는 불로 나타내고 그 불이 각 사람의 공적이 어떠한 것을 시험할 것임이니라 만일 누구든지 그(진리, 예수) 위에 세운 공적이 그대로 있으면 상을 받고 누구든지 그 공적이 불타면 해를 받으리니 그러나 자신은 구원을 받되 불 가운데서 받은 것 같으리라"(고전 3:10-15)

"그 안에 뿌리를 박으며 세움을 받아 교훈을 받은 대로 믿음에 굳게 서서 감사함을 넘치게 하라"(골 2:7)

믿음의 첫 단계는 예수 그리스도께서 우주와 만물을 창조하신 전능하신 창조주 하나님이시라는 것을 믿는 그 믿음 위에 신앙의 집을 지어가는 것이다.

그래서 사도 베드로가 신앙의 첫 단계인 믿음의 중요성을 강조한 것이다.

"그러므로 사람이 의롭다 하심을 얻는 것은 율법의 행위에 있지 않고 믿음으로 되는 줄 우리가 인정하노라"(롬 3:28)

"믿음은 모든 사람의 것이 아니니라"(살후 3:2)

사도 바울은 믿음이 모든 사람의 것이 아니라는 것이다.

"너희는 그 은혜에 의하여 믿음으로 말미암아 구원을 받았으니 이것은 너희에게서 난 것이 아니요 하나님의 선물이라"(엡 2:8)

"그러므로 믿음은 들음에서 나며 들음은 그리스도의 말씀으로 말미암았느니라"(롬 10:17)

그러므로 믿음을 사다리로 비유하면 맨 아래 첫 계단이다. 첫 계단을 밟아야 다음 계단으로 올라 갈수 있는 것처럼 신성한 성품에 참여하는 자가 되려면 첫 단계인 믿음을 거쳐서 다음 단계인 덕의 단계로 올라가야 한다.

둘째 단계는, 믿음에 덕을 : 신앙생활에 믿음만 갖고 있으면 안 되고, 믿음 위에 반드시 덕을 세워야 한다. 덕(德)이란, 신앙인으로서 윤리적으로, 도덕적으로, 신앙적으로 타인에게 비난받지 않고, 착하고, 선하고, 따스하고, 부드러운 마음씨에서 나오는 행위를 말한다. 그러므로 신앙인의 덕이란,

㉠ 하나님의 말씀에 순종하고, 하나님의 법도를 지키는 것이다.
㉡ 타인에게 은혜를 베풀고 도와주는 것, 나의 유익을 구하지 않고 타인의 유익을 구하는 것이 신앙인의 덕을 세우는 것이다.
"누구든지 자기의 유익을 구하지 말고 남의 유익을 구하라" (고전 10:24)
"우리 각 사람이 이웃을 기쁘게 하되 선을 이루고 덕을 세우도록 할지니라" (롬 15:2)
"방언을 말하는 자는 자기의 덕을 세우고, 예언하는 자는 교회의 덕을 세우나니" (고전 14:4)
"모든 것이 가하나 모든 것이 유익한 것이 아니요 모든 것이 가하나 모든 것이 덕을 세우는 것이 아니니" (고전 10:23)
그리스도인은 어떤 행동이 죄가 되냐?, 안 되냐?를 떠나서 그 행동이 자신과 타인과 교회 공동체에 덕을 세우지 못하는 일이라면 하나님의 영광을 가리게 되므로 사도 베드로는 그리스도인이 덕을 세우는 일에 힘써야 한다는 것이다.

셋째 단계는, 덕에 지식을 : 덕에 지식이란 배워서 아는 지식이 있고, 경험을 통해 깨달아 아는 지식이 있는가 하면, 계시에 의해 아는 지식도 있다.

그리스도인들이 신성한 성품에 참여하기 위해서는 배워서 아는 지식도 필요하고, 경험을 통해 깨달아 아는 지식도 필요하지만, 무엇보다도 성경을 통해 영적으로 계시하는 덕에 지식을 통해 창조주 하나님께서 어떤 분이신지 배우고 깨달아 아는 덕에 지식을 세우는 게 중요하다는 것이다.

"여호와를 경외하는 것이 지식의 근본이거늘 미련한 자는 지혜와 훈계를 멸시하느니라" (잠 1:7)

"이스라엘 자손들아 여호와의 말씀을 들으라 여호와께서 이 땅 주민과 논쟁하시나니 이 땅에는 진실도 없고 인애도 없고 하나님을 아는 지식도 없고" (호 4:1)

"또한 모든 것을 해로 여김은 내 주 그리스도 예수를 아는 지식이 가장 고상하기 때문이라 내가 그를 위하여 모든 것을 잃어버리고 배설물로 여김은 그리스도를 얻고" (빌 3:8)

세상의 수많은 지식 가운데 창조주 하나님을 아는 지식은 배워서 알 수 도 있지만 하나님께서 자신을 계시하신 지식을 아는 것이 가장 고상한 지식이다.

하나님을 정확하게 모르는 지식은 허상이고 헛것이다.

넷째 단계는, 지식에 절제를 : 예수 그리스도를 아는 지식 외에 세상 지식은 배설물이라 여기는 절제가 필요하다. 수박 겉핥기로 아는 세상 지식으로 아는 체 하지 말고 정도를 넘지 않게 알맞게 조절하고 제한하는 "자기 통제를 지식의 절제"라 할 수 있다. 세상 지식을 아무리 많이 습득 했을지라도 하나님을 모른다면 절제하라는 것이다.

"또한 모든 것을 해로 여김은 내 주 그리스도 예수를 아는 지식이 가장 고상하기 때문이라 내가 그를 위하여 모든 것을 잃어버리고 배설물로 여김은 그리스도를 얻고 그 안에서 발견되려 함이니 내가 가진 의는 율법에서 난 것이 아니요 오직 그리스도를 믿음으로 말미암은 것이니 곧 믿음으로 하나님께로부터 난 의라" (빌 3:8-9)

사도 바울은 유대인으로 로마의 시민권을 갖고 있었고, 당시 최고의 학문의 전당인 가말리엘의 문하에서 수학했으며, 율법의 엄한 교육을 받았고, 산헤드린 공의회원이기도 했지만, 예수 그리스도를 아는 지식이 가장 고상함을 깨닫고 세상 지식을 배설물처럼 여겨 세상 지식의 절제를 스스로 실천했다.

"만일 누구든지 무엇을 아는 줄로 생각하면 아직도 마땅히 알 것을 알지 못하는 것이요" (고전 8:2)

"만일 누구든지 알지 못하면 그는 알지 못한 자니라" (고전 14:38)

"이기기를 다투는 자마다 모든 일에 절제하나니 그들은 썩을 승리자의 관을 얻고자 하되 우리는 썩지 아니할 것을 얻고자 하노라" (고전 9:25)

사도 바울은 예수 그리스도를 아는 지식이 가장 고상하다는 것이다. 사도 베드로도 인간의 세상 지식은 아무리 고상한 지식이라 할지라도 지식에 한계가 있고 불완전하여 시간이 지나면 수정되고 폐기되기도 하는 것이므로 세상의 지식에는 절제가 필요하다는 것이다.

그러므로 진실한 그리스도인들은 자기 아는 것에 교만하지 말고 지식의 절제를 배워야 한다는 것이다.

다섯째 단계는, 절제에 인내를 : 인생의 삶과 신앙생활 속에서 만나게 되는 시련과 고난과 괴로움과 어려움 고통스러운 것 화나는 것 등을 참고 견뎌내고 끝내 인내를 통해 신앙생활을 승리로 이끌어야 한다는 것이다.

"너희의 인내로 너희 영혼을 얻으리라" (눅 21:19)

"보라 인내하는 자를 우리가 복되다 하나니 너희가 욥의 인내를 들었고 주께서 주신 결말을 보았거니와 주는 가장 자비하시고 긍휼히 여기시는 이시니라"(약 5:11)

"성도들의 인내가 여기 있나니 그들은 하나님의 계명과 예수에 대한 믿음을 지키는 자니라" (계 14:12)

예수 믿는 믿음 안에서 하고 싶고, 먹고 싶고, 누리고 싶은 모든 욕망을 절제하고, 모든 어려움을 인내로 이겨내는 것이 절제에 인내를 더하는 것이다.

여섯째 단계는, 인내에 경건을 : 경건이란, 하나님을 믿는 믿음 안에서 하나님을 두려워하며, 하나님을 경외하며, 하나님의 성품에 참여하며, 하나님을 섬기는 것을 말한다.

"망령되고 허탄한 신화를 버리고 경건에 이르도록 네 자신을 연단하라 육체의 연단은 약간의 유익이 있으나 경건은 범사에 유익하니 금생과 내생에 약속이 있느니라" (딤전 4:7-8)

"옛 세상을 용서하지 아니하시고 오직 의를 전파하는 노아와 그 일곱 식구를 보존하시고 경건하지 아니한 자들의 세상에 홍수를 내리셨으며 소돔과 고모라 성을 멸망하기로 정하여 재가 되게 하사 후세에 경건하지 아니할 자들에게 본을 삼으셨으며" (벧후 2:5-6)

"가이사랴에 고넬료라 하는 사람이 있으니 이달리야 부대라 하는 군대의 백부장이라 그가 경건하여 온 집안과 더불어 하나님을 경외하며 백성을 많이 구제하고 하나님께 항상 기도하더니" (행 10:1-2)

"이는 뭇 사람을 심판하사 모든 경건하지 않은 자가 경건하지 않게 행한 모든 경건하지 않은 일과 또 경건하지 않은 죄인들이 주를 거슬러 한 모든 완악한 말을 말미암아 그들을 정죄하려 하심이라 하였느니라" (유 1:15)

여기서 경건하지 않은 자라는 것은 하나님을 섬기지 않는 사람들을 말하는 것이다. 그러므로 경건은 하나님을 섬기는 믿음의 훈련을 통해 이루어진다.

일곱째 단계는, 경건에 형제 우애를 : 형제 우애란,
㉠ 같은 혈족 간의 형제 우애를 말한다.
"누구든지 자기 친족 특히 자기 가족(육신의 형제)을 돌보지 아니하면 믿음을 배반한 자요 불신자보다 더 악한 자니라" (딤전

5:8)

예수 믿는 사람은 자기 형제 친족과 형제 우애가 있어야 한다.

ⓛ 예수 안에서 같은 신앙생활 하는 믿음의 형제들과의 우애를 말한다.

"너희가 진리를 순종함으로 너희 영혼을 깨끗하게 하여 거짓이 없이 형제를 사랑하기에 이르렀으니 마음으로 뜨겁게 피차 사랑하라" (벧전 1:22)

"형제를 사랑하여 서로 우애하고 존경하기를 서로 먼저 하며" (롬 12:10)

여기서 말하는 '형제 우애'란 같은 믿음 안에서 형제가 된 믿음의 공동체, 믿음의 형제간의 뜨거운 우애를 말한다. 그러므로 고아, 과부, 나그네, 주린 자, 병든 자들을 돌보는 사랑이 형제 우애라 할 수 있다.

마지막 여덟째 단계는, 형제 우애에 사랑을 : 믿음으로 시작된 성도의 신앙생활이 아가페의 사랑으로 완성되는 단계를 말하는데, 여기서 말하는 형제 우애의 사랑이란, 같은 신앙, 같은 믿음 안에서 맺어진 그리스도인들끼리 서로 시기하거나 헐뜯거나 미워하거나 당 짓거나 원수 맺지 말고 그리스도의 아가페 사랑으로 헌신과 희생의 무조건적인 사랑을 나누는 것을 말한다. 헬라어로 사랑을 표현하는 4가지,

㉠ 아가페 : 하나님의 사랑(무조건적이며 희생적의 사랑)

ⓛ 필리아 : 친구와 형제간의 뜨거운 사랑

ⓒ 스톨게 : 자기 자식에 대한 부모의 애정의 사랑

ⓔ 에로스 : 육체적인 쾌락의 사랑(조건적인 사랑)

"그런즉 믿음, 소망, 사랑, 이 세 가지는 항상 있을 것인데, 그 중의 제일은 사랑(ἀγάπη)이라" (고전 13:13)

"사랑하는 자들아 우리가 서로 사랑하자 사랑은 하나님께 속한 것이니 사랑하는 자마다 하나님으로부터 나서 하나님을 알고 사랑하지 아니하는 자는 하나님을 알지 못하나니 이는 하나님은 사랑이심이라 하나님의 사랑이 우리에게 이렇게 나타난 바 되었으니 하나님이 자기의 독생자를 세상에 보내심은 그로 말미암아 우리를 살리려 하심이라 사랑은 여기 있으니 우리가 하나님을 사랑한 것이 아니요 하나님이 우리를 사랑하사 우리 죄를 속하기 위하여 화목제로 그 아들을 보내셨음이니라 사랑하는 자들아 하나님이 이같이 우리를 사랑하셨은즉 우리도 서로 사랑하는 것이 마땅하도다" (요일 4:7-11)

그러므로 신성한 성품에 참여하는 최고의 단계는 아가페의 사랑이다. 하나님의 신성한 성품인 아가페 사랑은 조건을 따지지 않고 차별하지 않는 무조건적인 희생의 사랑이다.

## 결론

인간이 세상에 태어나 선을 추구하지 않고, 악을 추구하고 포악해지는 성품(본성)은 인간이 타락하여 하나님의 형상과 거룩의 성품이 깨어지고 훼손되었기 때문이다.

그러므로 인간이 거룩하고 선하신 하나님의 형상을 회복하려면 반드시 죄를 회개하고 마음에 예수님을 영접하고 물과 성령으로 거듭나야 한다.

"너희 안에 이 마음을 품으라 곧 그리스도 예수의 마음이니" (빌 2:5)

인간은 반드시 예수 그리스도를 믿고 하나님의 형상을 회복해야 한다. 사도 베드로가 말씀하셨듯이 예수 그리스도께서 우리에게 보배로운 믿음과 큰 약속을 주신 것은 우리가 하나님을 알기에 게으르지 않고 하나님의 형상을 회복하여 하나님의 성품에 참여하는 자가 되게 하시려는 것이다.

그러므로 하나님의 신성한 성품에 참여하는 단계는 믿음에 덕을 세워야 하고, 덕에 지식이 있어야 하고, 지식에 절제가 있어야 하고, 절제에 인내가 있어야 하고, 인내에 경건이 있어야 하고, 경건에 형제 우애가 있어야 하고, 형제 우애에 사랑이 공급되어야 한다는 것이다. 인간이 하나님의 신성한 성품에 참여하는 단계는 믿음으로 시작해서 사랑으로 마무리되는데, 그 사랑이 바로 아가페(ἀγάπη)의 희생적 사랑으로 승화해야 신성한 성품에 참여하게 된다는 것이다. 할렐루야!

# 제5강

## 하나님의 존재를 찾는 신앙
### (렘 29:13)

# 제5강

# 하나님의 존재를 찾는 신앙 (렘 29:13)

　세상에 존재하는 대부분의 물체는 인간의 육안으로 인식하여 볼 수 있다. 너무 멀리 떨어져 볼 수 없는 것은 망원경이라는 도구를 이용하여 보고, 가까이 있어도 볼 수 없을 정도로 미세하고 세미한 것은 현미경이라는 도구를 이용하여 확인할 수 있다. 그런데 세상에는 망원경으로도 현미경으로도 볼 수 없는 것들이 수없이 많다. 예를 들면 영적 세계에 현존하는 실체들이다.

　하나님, 천사, 사탄, 마귀, 귀신은 망원경으로도 현미경으로도 전혀 볼 수가 없다. 인간의 육안으로 그 어떤 도구로도 실존하는 창조주 하나님의 실체를 볼 수 없기 때문에 인간은 하나님이 없다. 하기도 하고, 또한 하나님을 두려워하지 않지도 않는다.

　그래서 다윗은 하나님이 없다. 라고 말하는 사람은 어리석은 사람이라는 것이다. "어리석은 자는 그의 마음에 이르기를 하나님이 없다 하는도다. 그들은 부패하고 그 행실이 가증하니 선을 행하는 자가 없도다. 여호와께서 하늘에서 인생을 굽어살피사 지각이 있어 하나님을 찾는 자가 있는가 보려 하신즉 다 치우쳐 함께 더러운 자가 되고 선을 행하는 자가 없으니 하나도 없도다." (시 14:1)

하나님이 없다고 말하는 사람은 어리석은 사람이지만, 참신(神)이 아닌 우상이나, 또는 사람을 신(神)으로 믿는 사람들도 어리석기는 마찬가지다. 참신(神)은 오직 스스로 존재하시는 전능하신 창조주 하나님만 절대자 참신(神)이시다.

아담 이후의 인간은 영적으로, 도덕적으로, 종교적으로 타락하여 창조주 하나님을 잊어버리고 다른 신을 섬기며 제 고집대로 제 주장대로 살아가고 있다.

그러므로 '하나님의 존재를 찾는 신앙'이란 앞서 밝힌 하나님의 실체의 존재를 찾는 것을 말한다. 하나님의 실체의 존재를 몰랐던 시대라면 몰라도, 이제는 창조주 하나님께서 하나님의 존재를 찾고 믿으라고 선포하고 계신다.

"너희가 온 마음으로 나(하나님)를 구하면 나를 찾을 것이요 나를 만나리라" (렘 29:13)

"알지 못하던 시대에는 하나님이 간과하셨거니와 이제는 어디든지 사람에게 다 명하사 회개하라 하셨으니" (행 17:30)

"인류의 모든 족속을 한 혈통으로 만드사 온 땅에 살게 하시고 그들의 연대를 정하시며 거주의 경계를 한정하셨으니 이는 사람으로 혹 하나님을 더듬어 찾아 발견하게 하려 하심이로되 그는 우리 각 사람에게서 멀리 계시지 아니하도다." (행 17:26-27)

아담과 하와가 에덴동산에서 쫓겨난 이후 인간은 하나님을 떠나 영적으로 사탄 마귀의 지배 아래 오랫동안 하나님 없이 죄악의 어두운 세상을 살아왔다.

살아계신 창조주 하나님은 하나님을 떠난 인간들에게 끊임없이 하나님의 실체와 존재를 계시하셔서 이제는 언제든지 누구든지 창조주 하나님을 더듬어서라도 찾기를 간절히 애타게 기다리신다.

「현대어 성경」 "지나간 시대에는 하나님께서 모든 민족이 제멋대로 살게 내버려 두셨습니다. 그렇다고 해서 하나님을 모르고 살도록 내버려 두신 것은 아닙니다. 하나님을 알게 하는 것이 언제나 우리 주위에 있었습니다. 비를 내려 주신 분도 하나님이시고 철 따라 열매를 맺게 해주시고 먹을 것을 풍성하게 하여 여러분을 즐겁게 해주신 분도 하나님이십니다." (행 14:16-17)

창조주 하나님은 자신의 실체의 존재를 창조 후에는 감추지 않으시고 자연계시(일반 계시)와, 특별계시를 통해 능동적으로 자신을 드러내고 계신다.

그러므로 창조주 하나님을 찾고 만나는 사람은 복 있는 사람이다.

성경에 창조주 하나님은 자신의 존재와 실존을 지구촌의 인간들에게 드러내시기 위해 모든 사람들에게 내적(內的)으로 이성(理性)과 양심(良心)을 주셨다.

내적으로 이성과 양심의 소리를 통해 창조주 하나님의 존재를 찾으라는 것이다. 그런데 인간은 강퍅하고 완악하여 창조주 하나님이 살아 계신다는 이성과 양심의 소리를 듣지 않고, 창조주 하나님의 존재를 의식하지 않을 뿐 아니라 믿으려 하지도 않는다.

그래서 사도 바울은 하나님께서 인간의 의식(意識) 속에 하나님의 존재를 의식할 수 있는 이성과 양심을 주셨음을 공표한 것이다.

"이는 하나님을 알 만한 것이 그들 속(이성과 양심)에 보임이라 하나님께서 이를 그들에게 보이셨느니라" (롬 1:19)

뿐만 아니라, 창조주 하나님께서는 자신의 존재를 외적(外的)으로 드러내시고 증언하시기 위해 자연계시(일반 계시)와 특별계시인 성경과 선지자와 예수님의 공생애 사역을 통해 하나님의 실존에 대해 자세히 계시하시고, 설명하고, 가르치시고 있다.

"창세로부터 그의 보이지 아니하는 것들 곧 그의 영원하신 능력과 신성이 그가 만드신 만물에 분명히 보여 알려졌나니 그러므로 그들이 핑계하지 못 할지니라" (롬 1:20)

하나님께서는 성경을 통해 하나님이 어떤 존재이고, 우주 만물이 어떻게 창조되었고, 이 땅에 죄와 질병과 저주와 가난과 죽음이 어떻게 시작되었는지, 천국과 지옥은 어떤 곳인지, 하나님의 심판은 무엇인지, 그리고 인간이 어떻게 죄 사함을 받고, 어떻게 구원을 받는지를 알려주셨으며, 이를 기록해 놓은 성경이 바로 하나님의 특별계시다.

그런데 하나님의 실존의 존재를 받아들이고 하나님을 믿는 신앙인들의 행태가 시대에 따라, 지역에 따라, 인종에 따라, 민족에 따라 다른 것을 알 수 있다. 예를 들면, 유대인들이 믿는 하나님과 이방인들이 믿는 하나님이 교리적으로 차이가 있다.

유대인들은 오직 유일신(唯一神) 한 분 하나님만 인정하고 믿는 반면, 이방인들은 같은 하나님을 믿으면서도 어떤 사람들은 유일신 하나님을 믿는가 하면, 어떤 사람들은 삼위일체(三位一體)의 하나님을 믿고, 어떤 사람들은 삼위 삼체(三位三體)의 하나님을 믿는가 하면, 어떤 사람들은 이위일체(二位一體)의 하나님을 믿기도 한다.

같은 하나님을 믿는데 왜 이렇게 교리적으로 다른지, 같은 하나님을 믿는 게 맞는지, 성경적으로 따져 보아야 할 문제다.

그런가 하면 신(神)의 존재를 믿는 신앙의 대상이 한 분 하나님이 아니라, 자기들의 지성과 이성과 지식의 수준과 믿음의 판단에 따라 창조주 하나님을 버리고, 다양한 우상의 신, 짝퉁 신, 거짓 신을 만들어 섬기기도 한다.

이처럼 전 세계 이방인들은 자기들의 지적 수준과 이성과 믿음의 판단에 따라 신(神)을 다양하게 섬기다보니 성경에 계시된 유일신 창조주 하나님을 자기들 멋대로 변형시켜 섬기게 된 것이다.

그래서 세상에는 유일신 하나님 외에 다른 신, 거짓 신, 짝퉁 신, 우상의 신들이 수없이 생겨나게 되었다. 그러면 계시되고 알려진 창조주 하나님의 실존을 어떻게 찾고 만날 수 있을까?

## 1. 인간이 어떻게 하면 창조주 하나님을 만날까?

앞서 창조주 하나님의 실체의 존재와 본질, 하나님의 속성이 무엇이며, 하나님의 성품은 무엇인지에 대해 알아보았다.

창조주 하나님의 존재와 실존을 깨닫고 창조주 하나님을 인식했다면, 이제 창조주 하나님을 찾고 만나야 하지 않겠는가?

하나님의 실체의 존재를 몰랐을 때는 찾지 않았을지 몰라도 이제 창조주 하나님의 실체의 존재를 알았으니, 반드시 하나님을 찾고 만나야 한다.

욥의 고백을 들어 보자!

"내가 어찌하면 하나님을 발견하고 그의 처소에 나아가랴 어찌

하면 내가 그 앞에서 호소하며 변론할 말을 내 입에 채우고 내게 대답하시는 말씀을 내가 알며 내게 이르시는 것을 내가 깨달으랴" (욥 23:3-5)

"그런데 내가 앞으로 가도 그가 아니 계시고 뒤로 가도 보이지 아니하며 그가 왼쪽에서 일하시나 내가 만날 수 없고 그가 오른쪽으로 돌이키시나 뵈올 수 없구나" (욥 23:8-9)

욥이 고통 중에 하나님께 버림받은 것 같아서 어떻게 하면 하나님을 만날 수 있을까? 하나님 만나기를 간절히 고대한 것처럼 모든 인간은 세상을 살아가는 동안에 어떻게 하면 실존해 계시는 창조주 하나님을 만날까, 하나님 만나기를 힘써야 한다.

"너희가 온 마음으로 나를 구하면 나를 찾을 것이요 나를 만나리라" (렘 29:13)

"너희는 여호와를 만날 만한 때에 찾으라 가까이 계실 때에 그를 부르라 악인은 그의 길을, 불의한 자는 그의 생각을 버리고 여호와께로 돌아오라 그리하면 그가 긍휼히 여기시리라 우리 하나님께로 돌아오라 그가 너그럽게 용서하시리라" (사 55:6-7)

"너희는 여호와를 찾으라 그리하면 살리라" (암 5:6)

피조물인 인간이 창조주 하나님을 만나는 일은 결코 쉬운 일이 아니다.

한 나라의 국민이 현직 대통령을 만나는 것도 쉬운 일이 아닌데, 하물며 죄인인 인간이 거룩하고 거룩하신 창조주 하나님을 만난다는 것은 결코 쉬운 일이 아니다.

그런데 성경의 가르침은 하나님을 찾고 찾으면 만나게 된다는 것이다.

　교회 시대에는 예수 믿는 그리스도인들의 전도나 가르침, 목사의 설교나 가르침, 성경을 읽음으로 창조주 하나님의 실존을 깨달아 창조주 하나님을 찾고 만날 수 있다. 세상에서 불신자들이 저절로 창조주 하나님의 존재를 깨닫고 믿기는 어렵다. 그래서 성경은 먼저 예수 믿는 사람이 불신자들에게 하나님의 복음을 전파하라는 것이다.

　"또 이르시되 너희는 온 천하에 다니며 만민에게 복음을 전파하라 믿고 침례를 받는 사람은 구원을 얻을 것이요 믿지 않는 사람은 정죄를 받으리라" (막16:15-16)

　성경의 가르침은 인간이 하나님 만나기를 간절히 기대하고 애타게 하나님을 찾으면 야곱처럼 꿈속에서라도 하나님을 만나게 된다고 한다. 하나님께서 사람의 형체를 입고 나타나실 수도 있고, 사건·사고를 통해서 하나님을 만나게 될 수도 있고, 자연 만물을 통해서 하나님을 만나게 될 수도 있고, 아니면, 하나님께서 스스로 찾아오실 수도 있다는 것을 성경이 가르치고 있다.

　문제는 하나님을 만나기 위한 간절함과 애절함과 끈기가 있어야 한다는 것이다.


## 2. 그렇다면 창조주 하나님은 어디에 계실까?

　인간이 살고 있는 영역을 나누면 크게 하늘, 땅, 땅속으로 나눌 수 있다.

그런데 하늘의 영역은 과학의 관점에서 보는 것과 성경의 기독교 사상으로 보는 것과는 큰 차이가 있다.

성경적으로 하늘을 나누면, 대기권의 하늘(새들과 비행기가 날아다니는 곳)과 우주권의 하늘(지구와 달과 태양과 별들이 있는 곳)과 우주권을 넘어 창조주 하나님께서 계시는 천국(天國)의 하늘로 분류한다.

이 이론이 맞을 수도 있고 틀릴 수도 있다. 사도 바울이 말한 셋째 하늘(고후 12:2)을 그렇게 표현해 본 것이다. 하늘에 대해 더 확실한 진리의 가르침과 확실한 사실과 이론이 있으면, 언제든지 수정하고 교정할 수도 있다.

성경에 창조주 하나님은 하늘에 계신 것으로 묘사하고 있다. 그 하늘이 어딘지는 앞의 이론을 참고하고, 하늘에 대해서는 뒤에 좀 더 자세히 다루려고 한다.

"하나님이 참으로 땅에 거하시리이까 하늘과 하늘들의 하늘이라도 주를 용납지 못하겠거든 하물며 내가 건축한 이 성전이오리이까" (왕상 8:27)

솔로몬 왕의 기도에서는 '하늘과 하늘들의 하늘'이라는 표현을 사용하였다.

"오직 주는 여호와시라 하늘과 하늘들의 하늘과 일월성신과 땅과 땅 위의 만물과 바다와 그 가운데 모든 것을 지으시고 다 보존하시오니 모든 천군이 주께 경배하나이다." (느 9:6)

느헤미야도 '하늘과 하늘들의 하늘'이라는 용어를 사용하였다.

사도 바울도 '셋째 하늘'이라는 용어를 사용하였다.

"내가 그리스도 안에 있는 한 사람을 아노니 그는 십사 년 전에 셋째 하늘에 이끌려 간 자라 (그가 몸 안에 있었는지 몸 밖에 있었는지 나는 모르거니와 하나님은 아시느니라)" (고후 12:2)

사도 바울은 어느 한순간에 셋째 하늘에 이끌려 갔는데 그때 자신의 영혼이 몸 안에 있었는지 몸 밖에 있었는지 모르겠다고 고백하였다. 아무튼 사도 바울은 '셋째 하늘'인 천국을 다녀왔다고 간증하였다.

사도 요한도 "하늘 위에나 땅 위에나 땅 아래에 능히 그 두루마리를 펴거나 보거나 할 자가 없더라"(계 5:3)라고 하였다. 사도 요한이 말한 '하늘 위나 땅위나 땅 아래'는 온 우주를 통틀어 일컫는 것인데, 이 '하늘'이 어디인지는 살펴보아야 한다.

이와 같이 성경에 창조주 하나님은 땅에 계신 것이 아니고, 하늘에 계신다고 기록하고 있다.

## 3. 그럼 성경은 왜 하나님께서 하늘에 계신 분으로 묘사하고 있는가?

아주 오래 전에 필자는 어떤 목회자와 변론을 한 적이 있었다. 필자가 창조주 하나님은 하늘에 계신다 했더니 필자와 변론한 목회자가 말하기를 자기는 그렇게 안 믿는다는 것이다. 성경에 하나님께서 하늘에 계신다는 표현은 그냥 상징적인 표현이라는 것이다. 하나님은 우리 생각 속에 계신다는 것이다.

물론 하나님은 우리 생각 속에도 계신다는 것을 믿는다. 하지만 하나님께서 하늘에 계신다는 것은 창조주 하나님의 본체(本體)가 계시는 곳을 말한다.

그러면서 곁에 있던 다른 목회자들에게 그렇게 믿지 않느냐며 동의를 구하자, 곁에 있던 목회자들이 아무 의견을 내지 않는 것을 보고 실망했던 기억이 있다. 아마 그 목회자나 곁에 있었던 분들은 모두 잊어버렸을 것이다.

여러분은 창조주 하나님께서 어디 계신다고 생각하는가?

창조주 하나님께서 '하늘'에 계신다는 것은 성경의 가르침이다.

"여호와께서 그 보좌를 하늘에 세우시고 그의 왕권으로 만유를 다스리시도다" (시 103:19)

"여호와께서는 그의 성전에 계시고 여호와의 보좌는 하늘에 있음이여 그의 눈이 인생을 통촉하시고 그의 안목이 그들을 감찰하시도다." (시 11:4)

"원하건대 주의 거룩한 처소 하늘에서 보시고 주의 백성 이스라엘에게 복을 주시며 우리 조상들에게 맹세하여 우리에게 주신 젖과 꿀이 흐르는 땅에 복을 내리소서 할지니라" (신 26:15)

"내 이름으로 일컫는 내 백성이 그들의 악한 길에서 떠나 스스로 낮추고 기도하여 내 얼굴을 찾으면 내가 하늘에서 듣고 그들의 죄를 사하고 그들의 땅을 고칠지라" (대하 7:14)

"주의 종과 주의 백성 이스라엘이 이곳을 향하여 기도할 때에 주는 그 간구함을 들으시되 주께서 계신 곳 하늘에서 들으시고 들으시사 사하여 주옵소서"(왕상 8:30)

"여호와께서 하늘에서 인생을 굽어살피사 지각이 있어 하나님

을 찾는 자가 있는가 보려 하신즉" (시 14:2)

"그러므로 너희는 이렇게 기도하라 하늘에 계신 우리 아버지여 이름이 거룩히 여김을 받으시오며" (마 6:9)

예수님은 주기도문을 가르치시면서 우리 하나님 아버지께서 하늘(Heaven)에 계신다고 가르치셨다.

이처럼 창조주 하나님께서 하늘에 계신다는 것은, 하나님은 전지하시고, 전능하시고, 편재하실 뿐만 아니라, 하늘은 감히 인간이 침범할 수 없는 곳으로, 하나님은 거룩하고 엄위(嚴威)하신 분이심을 증언하는 것이다.

그러므로 창조주 하나님께서 하늘에 계신다는 것은, 하나님이 온 우주에 편재해 계실뿐 아니라, 동시에 하늘에서도 온 우주를 지배하시고 다스리시고 통치하신다는 것이다. 따라서 인간은 땅의 것만 바라보지 말고, 높은 하늘 위에 계신 창조주 하나님을 바라보며, 늘 창조주 하나님을 사모하며 살도록 지음 받은 영적으로 신비스러운 존재임을 깨달아야 한다.

창조주 하나님의 보좌가 하늘에 있다는 것은 성경에서 가르치고 있다.

솔로몬 왕이 예루살렘에 성전을 건축하고 감격하여 하나님께 헌당 기도할 때 기도의 내용을 보면, 하나님의 보좌는 하늘에 있음을 증거하고 있다.

"주는 계신 곳 하늘에서 들으시고 사하시며 각 사람의 마음을 아시오니 그들의 모든 행위대로 행하사 갚으시옵소서 주만 홀로 사람의 마음을 다 아심이니이다." (왕상 8:39)

"주는 계신 곳 하늘에서 들으시고 이방인이 주께 부르짖는 대로 이루사 땅의 만민이 주의 이름을 알고 주의 백성 이스라엘처럼 경외하게 하시오며 또 내가 건축한 이 성전을 주의 이름으로 일컫는 줄을 알게 하옵소서" (왕상 8:43)

솔로몬 왕이 '주는 계신 곳 하늘에서 우리의 기도를 들으시고 우리를 지켜 보호해 달라'라고 기도한 것처럼, 우리 그리스도인들이 믿는 창조주 하나님께서는 높은 하늘에서 우리를 지켜보고 계신다는 것을 깨달아야 한다.

### 4. 그러면 창조주 하나님께서 하늘에 계신다는 의미는?

첫째로, 하늘은 땅에 비해 높은 권위를 상징한다.

창조주 하나님께서 높은 하늘에 계신다는 것은 땅에 있는 인간이 감히 범접할 수 없는 하나님의 높은 권위를 상징한다.

"이는 하늘이 땅보다 높음같이 내 길은 너희의 길보다 높으며 내 생각은 너희의 생각보다 높음이니라" (사 55:9)

"여호와께서 그의 높은 성소에서 굽어보시며 하늘에서 땅을 살펴보셨으니" (시 102:19)

"지금 나의 증인이 하늘에 계시고 나의 중보자가 높은 데 계시니라" (욥 16:19)

"여호와께서는 지극히 존귀하시니 그는 높은 곳에 거하심이요 정의와 공의를 시온에 충만하게 하심이라" (사 33:5)

"이는 하나님의 영광의 광채시요 그 본체의 형상이시라 그의 능력의 말씀으로 만물을 붙드시며 죄를 정결하게 하는 일을 하시고 높은 곳에 계신 지극히 크신 이의 우편에 앉으셨느니라" (히 1:3)

둘째로, 하늘은 창조주 하나님의 보좌가 계신 곳을 상징한다.

"여호와께서 그 보좌를 하늘에 세우시고" (시 103:19)

"여호와께서는 그의 성전에 계시고 여호와의 보좌는 하늘에 있음이여 그의 눈이 인생을 통촉하시고 그의 안목이 그들을 감찰하시도다" (시 11:4)

"내가 곧 성령에 감동되었더니 보라 하늘에 보좌를 베풀었고 그 보좌 위에 앉으신 이가 있는데" (계 4:2)

"나는 너희에게 이르노니 도무지 맹세하지 말지니 하늘로도 하지 말라 이는 하나님의 보좌임이요" (마 5:34)

창조주 하나님의 보좌가 하늘에 있다는 것은 감히 인간이 범접할 수 없다는 것을 의미하며, 하나님의 위대하심, 거룩하심, 신비스러우심과 '감추어진 하나님'이시라는 것을 의미하는가 하면, 변함이 없는 하나님, 심판의 하나님이신 것을 의미하기도 한다.

셋째로, 하늘은 광활하고 땅은 한정된 곳을 표현한다.

"하늘의 만상은 셀 수 없으며" (렘 33:22)

"하나님은 헤아릴 수 없이 큰 일을 행하시며 기이한 일을 셀 수 없이 행하시나니" (욥 5:9)

우리가 살고 있는 지구는 한정된 곳이지만, 창조주 하나님께서 계신 하늘은 감히 인간의 지혜와 기술로 측량할 수 없을 만큼 넓은 곳이다.

넷째로, 하나님은 높은 하늘에서 온 땅을 통치하신다는 것이다.

"여호와께서 그의 보좌를 하늘에 세우시고 그의 왕권으로 만유를 다스리시도다" (시 103:19)

"여호와께서 그의 높은 성소에서 굽어보시며 하늘에서 땅을 살펴보셨으니"(시 102:19)

성경에 창조주 하나님께서는 하늘에 보좌를 세우시고 그의 왕권으로 하늘에서도 시간과 공간을 초월하여 온 우주를 다스리시고 통치하신다는 편재성을 가르치고 있다.

다섯째로, 하나님은 하늘에서 인간의 모든 것을 살피신다는 것이다.

"여호와께서 하늘에서 굽어보사 모든 인생을 살피심이여" (시 33:13)

"이는 그가 땅 끝까지 감찰하시며 온 천하를 살피시며" (욥 28:24)

"숨은 것이 장차 드러나지 아니할 것이 없고 감추인 것이 장차 알려지고 나타나지 않을 것이 없느니라" (눅 8:17)

땅에 사는 인간은 하늘의 하나님께 감출 것이 전혀 없다는 것을 깨달아야 한다.

여섯째로, 하나님은 하늘의 하나님이라 불린다는 것이다.

"바사 왕 고레스는 말하노니 하늘의 하나님 여호와께서 세상 모

든 나라를 내게 주셨고 나에게 명령하사 유다 예루살렘에 성전을 건축하라 하셨나니" (스1:2)

"우리 조상들이 하늘에 계신 하나님을 노엽게 하였으므로 하나님이 그들을 갈대아 사람 바벨론 왕 느부갓네살의 손에 넘기시매 그가 이 성전을 헐며 이 백성을 사로잡아 바벨론으로 옮겼더니" (스 5:12)

"내가 이 말을 듣고 앉아서 울고 수일 동안 슬퍼하며 하늘의 하나님 앞에 금식하며 기도하여 이르되 하늘의 하나님 여호와 크고 두려우신 하나님이여 주를 사랑하고 주의 계명을 지키는 자에게 언약을 지키시며 긍휼을 베푸시는 주여 간구하나이다." (느 1:4-5)

"그가 대답하되 나는 히브리 사람이요 바다와 육지를 지으신 하늘의 하나님 여호와를 경외하는 자로라 하고" (욘 1:9)

창조주 하나님은 하늘에서도 땅에서도 땅 아래에서도 전능하신 하나님(神)이시다. 창조주 하나님께서 하늘의 하나님(神)이라는 것은, 하나님의 편재하심과 함께 전지하시고 전능하심으로 온 우주와 만물을 통치하시는 독특한 분이시라는 것이다.

땅에서 사람들이 신(神)이라 섬기는 우상하고는 결코 비교할 수 없을 정도로 위대하신 창조주 하나님이심을 의미한다.


일곱째로, 사탄 마귀도 창조주 하나님을 흉내 내며, 하늘의 신으로 불리기를 원한다.

성경에 보면, 사탄 마귀도 하늘의 신으로 불린다는 것이다. 그러므로 하늘의 신이라고 다 창조주 하나님이라고 착각하고 믿으면 안 된다. 그리스도인은 창조주 하나님과 사탄 마귀를 구별할 줄 알아야 한다.

"너 아침의 아들 계명성이여 어찌 그리 하늘에서 떨어졌으며 너 열국을 엎은 자여 어찌 그리 땅에 찍혔는고 네가 네 마음에 이르기를 내가 하늘에 올라 하나님의 뭇 별 위에 나의 자리를 높이리라 내가 북극 집회의 산 위에 앉으리라 가장 높은 구름에 올라가 지극히 높은 이와 같아지리라 하는도다" (사 14:12 -14)

"그리하여 자기 아내들이 다른 신들에게 분향하는 줄을 아는 모든 남자와 곁에 섰던 모든 여인 곧 애굽 땅 바드로스에 사는 모든 백성의 큰 무리가 예레미야에게 대답하여 이르되 네가 여호와의 이름으로 우리에게 하는 말을 우리가 듣지 아니하고 우리 입에서 낸 모든 말을 반드시 실행하여 우리가 본래 하던 것 곧 우리와 우리 선조와 우리 왕들과 우리 고관들이 유다 성읍들과 예루살렘 거리에서 하던 대로 하늘의 여왕에게 분향하고 그 앞에 전제를 드리리라 그때에는 우리가 먹을 것이 풍부하며 복을 받고 재난을 당하지 아니하였더니 우리가 하늘의 여왕에게 분향하고 그 앞에 전제 드리던 것을 폐한 후부터는 모든 것이 궁핍하고 칼과 기근에 멸망을 당하였느니라 하며 여인들은 이르되 우리가 하늘의 여왕에게 분향하고 그 앞에 전제를 드릴 때에 어찌 우리 남편의 허락이 없이 그의 형상과 같은 과자를 만들어 놓고 전제를 드렸느냐 하는지라" (렘 44:15-19)

구약 시대의 이스라엘 여인들이 하늘 여신에게 분향하고 제사 드리는 것을 자기 남편들도 알고 허락했다는 것이다. 그리고 하늘 여신에게 분향할 때는 먹을 것이 풍부했는데 하늘 여신에게 분향하는 것을 폐한 후부터는 궁핍과 기근에 멸망했다는 것이다.

"만군의 여호와 이스라엘의 하나님께서 이와 같이 말씀하시되 너희와 너희 아내들이 입으로 말하고 손으로 이루려 하여 이르기를 우리가 서원한 대로 반드시 이행하여 하늘 여왕에게 분향하고 전제를 드리리라 하였은즉 너희 서원을 성취하며 너희 서원을 이행하라 하시느니라" (렘 44:25)

"마귀의 간계를 능히 대적하기 위하여 하나님의 전신 갑주를 입으라, 우리의 씨름은 혈과 육을 상대하는 것이 아니요 통치자들과 권세들과 이 어둠의 세상 주관자들과 하늘에 있는 악의 영들을 상대함이라" (엡 6:11-12)

이처럼 사탄 마귀도 전능하신 창조주 하나님을 흉내 내며 땅에 살고 있는 사람들을 유혹하고 미혹하여 하늘의 신(神)으로 군림하기도 하고, 창조주 하나님을 믿는 사람들을 헷갈리게 한다. 그리하여 참과 거짓, 진짜와 가짜, 진리와 비진리, 참 복음과 거짓 복음을 구별하지 못하게 함으로써 진리의 하나님을 떠나게 하려 한다는 것을 깨닫고, 그리스도인들은 정신 차려 신앙생활을 해야 한다.

"누가 철학과 헛된 속임수로 너희를 사로잡을까 주의하라 이것은 사람의 전통과 세상의 초등학문을 따름이요 그리스도를 따름이 아니니라" (골 2:8)

### 결론

창조주 하나님께서는 세상의 모든 인간들이 창조주 하나님의 실존의 존재를 깨닫고 하나님을 찾으라고 우주와 자연 만물을 통해 알리기도 하셨고, 66권의 성경을 통해서 알리기도 하셨고, 선지자들을 통해 알리기도 하셨고, 예수님의 3년 반 공생애 사역을 통해서도 존재를 드러내셨다.

그러므로 이제는 지구촌에 살아가는 어느 누구든지 창조주 하나님의 존재를 모른다고 핑계 댈 수 없다. 본서를 통해 반드시 창조주 하나님의 실존의 존재를 찾아 하나님을 만나고 하나님을 섬기는 그리스도인이 되기를 축원한다.

# 제6강

## 살아계신 하나님을 체험하는 신앙
### (삿 6:36-40)

# 제6강

# 살아계신 하나님을 체험하는 신앙 (삿 6:36-40)

고사성어에 백문불여일견(百聞不如一見)이라는 말이 있다. 백 번 듣는 것보다 한번 보는 것이 낫다는 말인데, 백 번 듣는 것보다 한번 체험하는 것이 훨씬 낫다는 말이다.

옛날에 서울에 가 본 사람하고 안 가 본 사람하고 싸우면 안 가 본 사람이 이긴다는 말이 있었다. 서울에 가 본 사람은 서울을 체험한 것이고, 서울에 안 가 본 사람은 서울에 대한 이야기만 듣고 우기는 것이다.

한때 학교에서 체험 학습이라는 교육이 유행했었다. 그런가 하면 우리 사회의 힘든 직업을 갖고 있는 사람들을 이해하기 위한 '삶의 체험 현장'이라는 TV 프로그램도 있었다. 체험이란 사람의 5감(시각, 청각, 후각, 미각, 촉각)을 통해 직접 보고, 듣고, 느끼고, 맛보고, 겪는 것을 말한다.

필자는 오래 전 1990년 2월에 이집트(애굽)와 이스라엘로 성지 순례를 다녀온 적이 있었다. 성지 순례란, 예수를 믿는 사람들이 성경에 기록된 역사의 현장을 탐방하여 직접 몸으로 성경에 기록된 내용을 체험하는 것을 말한다.

　기독교인이란, 성경을 읽고 듣고 하나님을 믿는 사람들을 가리킨다. 그런데 기독교인 중에는 성경에 기록된 말씀을 읽고 듣기만 하고 예수님을 믿는 사람들도 있지만, 어떤 사람들은 성지 순례 탐방을 통해 성경에 기록된 말씀을 직접 확인하고 체험하려는 사람들도 있다. 무엇이든지 사실을 확인하고 직접 체험하면 더 확실히 믿게 된다.

　그러므로 성지 순례를 통해 신·구약 성경에 기록된 역사적 사건의 현장들과 기적의 현장들을 살펴보고, 성경에 기록된 말씀의 고고학적 증거를 확인하는 등 이천 년 전에 인류를 구원하러 오신 예수 그리스도의 발자취를 돌아보는 것은 믿음의 확신을 갖게 하는 아주 의미 있는 일이라 할 수 있다.

　필자가 성지 순례를 다녀오기 전에 성경을 읽으면서 받은 감동과 성지 순례를 다녀온 후의 성경에 대한 신뢰와 이해와 감동은 확연히 달랐음을 고백한다.

　성지 순례를 다녀오기 전에는 성경의 내용들을 피상적으로 알았다면, 성지 순례를 다녀온 후에는 성경의 말씀을 오감(五感)을 통해 체험적으로 확신하며 성경을 확실하게 신뢰하고 믿게 되었다.

　그래서 본서를 읽는 분들에게 당부하고 싶은 말씀은 형편이 되시면 성지 순례 꼭 한 번 다녀오시기를 추천해 드린다. 그런데 예수님은 보지 못하고 믿는 사람들은 복되다고 말씀하셨으니, 형편이 어려워 성지 순례를 못 간다 하더라도 성경 66권의 말씀을 의심 없이 믿는 사람들은 복 있는 사람들이다.

"예수께서 이르시되 너는 나를 본 고로 믿느냐 보지 못하고 믿는 자들은 복되도다 하시니라" (요 20:29)

예수님은 보지 못하고 믿는 사람들은 복되다고 말씀하셨지만, 직접 볼 수 있다면 그것이 체험이 되어 좀 더 확실한 믿음을 갖게 되는 것이 세상의 이치가 아니겠는가?

초기 그리스도인들이었던 사도들과 유대인들은 예수님을 따라 다니며 예수님으로부터 말씀을 듣고, 예수님께서 행하시는 사역의 기적과 이적을 눈으로 보는 직접적인 체험을 통해 믿음을 가졌지만, 그 이후의 예수 믿는 사람들은 간접적으로 그리스도인들이 전해주는 복음을 듣고 예수님을 믿게 된다.

그래서 사도 바울은 "그러므로 믿음은 들음에서 나며 들음은 그리스도의 말씀으로 말미암았느니라"(롬 10:17)라고 했다,

"또 이르시되 너희는 온 천하에 다니며 만민에게 복음을 전파하라 믿고 침례를 받는 사람은 구원을 얻을 것이요 믿지 않는 사람은 정죄를 받으리라" (막 16:15-16)

사람이 예수 믿고 구원을 받으려면, 누군가가 복음을 전해야 복음을 듣게 되고, 복음을 들어야 마음으로 믿게 되고, 마음으로 믿어야 입으로 시인하게 되고, 입으로 시인해야 예수님을 영접하여 구원에 이르게 되는 것이다.

"사람이 마음으로 믿어 의에 이르고 입으로 시인하여 구원에 이르느니라" (롬 10:10)

"영접하는 자 곧 그 이름을 믿는 자들에게는 하나님의 자녀가 되는 권세를 주셨으니" (요 1:12)

그러므로 성지 순례는 성경에 기록된 말씀을 확인하는 과정으로, 구원을 얻는데 필수 조건은 아니지만, 성경에 기록된 성지 체험을 통해 믿음의 확신을 얻는 효과는 있다. 현장 체험을 통해 확신을 얻게 되면, 신앙생활 가운데 어떤 미혹이나 어려움이나 환난이 와도 이겨내는 힘을 가질 수 있기에 중요한 체험이라 할 수 있다.

살아계신 하나님에 대한 신앙의 확실한 체험이 없는 사람들의 신앙은 다분히 형식(形式)적이며, 외식(外飾)적이고, 지식(知識)적으로만 하나님을 믿게 되어 모래 위에 집을 지은 것과 같아서 여러 시험과 환난과 핍박과 고난과 유혹이 오면 넘어지고, 쓰러지고, 타락하고, 배신하게 된다.

그러나 살아계신 하나님을 직접 체험한 신앙은 시련과 유혹과 핍박이 와도 이겨 나갈 힘을 얻게 된다. 살아계신 하나님을 직접 체험한 신앙은 죽음의 위협도 이겨낼 수 있다.

초대교회 수많은 성도들이 예수님을 믿는 믿음으로 순교 당할 수 있었던 것은 살아계신 하나님을 직접 몸으로 체험하였기 때문이다.

우리가 잘 아는 사도 요한의 제자였던 속사도(續使徒) 폴리갑은 서머나 교회의 감독이었다.

주후 155년경 소아시아 서머나에 박해와 순교의 태풍이 불기 시작했을 때, 로마의 지방 총독이 기독교인들은 로마 황제를 숭배하지 않는다는 것을 알고 기독교인들을 잡아 죽이려고 폴리갑 감독을 붙잡아 재판을 하고 있었다.

재판관이 폴리갑에게 황제를 숭배하면 살려주고, 계속 예수를 믿는다고 고집을 피우면 화형에 처하겠다고 하자, 폴리갑이 남긴

유명한 일화가 있다.

"내가 섬기는 왕(예수)이 86년 동안 한 번도 나를 배신하지 않았는데, 이 나이에 내가 좀 더 살자고 내가 섬기는 왕 예수를 모른다고 부인하겠는가?"

폴리갑의 대답을 들은 재판관이 폴리갑을 산 채로 불에 태워 죽이겠다고 위협하자, 폴리갑은 재판관에게 "당신이 붙인 불은 한순간 탈 것이지만, 영원한 지옥불은 결코 꺼지지 않을 것이오." 폴리갑은 장작더미에 밧줄로 결박된 채 화형당하면서 마지막으로 하나님께 "주권자이신 하나님, 제가 이 순교의 순간을 가질 수 있을 만큼 당신께서 저를 가치 있는 사람으로 보아주셔서 당신의 순교자들과 함께 그리스도의 고난의 잔을 함께 나눌 수 있게 된 것을 감사합니다."라고 기도드리면서 순교를 당했다는 것이다. 얼마나 감격스러운 순교의 기도인가?

그래서 기독교는 종교가 아니고, 살아계신 하나님을 체험하는 것이다. 그리스도인은 반드시 살아계신 하나님을 체험해야 담대하고 생명력 있는 신앙생활을 할 수 있다.

그럼 살아계신 하나님을 어떻게 체험할 수 있을까?

## 1. 성경에 잃어버려진 사람들에게 하나님께서 먼저 찾아가신 경우

하나님께서 잃어버려진 사람들에게 먼저 찾아가셨다면, 그 사람은 분명 하나님의 특별한 은총과 은혜와 복을 받은 사람이다.

누가복음 15장에서 예수님께서는 세 가지의 비유를 말씀하셨다.

㉠ 잃어버린 양의 비유

㉡ 잃어버린 드라크마(동전)의 비유

㉢ 잃어버린 탕자의 비유

이들 세 가지 비유에는 공통점과, 차이점이 있다.

공통점은 모두 잃어버렸다는 것이다. 차이점은 잃어버린 양과 잃어버린 드라크마는 절대로 주인이 찾지 않으면 영원히 잃어버려 진다는 것이다. 하지만 집을 나간 탕자는 잃어버려지기는 하였지만 스스로의 생각과 결단으로 아버지 집으로 다시 돌아올 수 있는 생각과 의지가 있는 존재라는 것이다.

세상에는 우주 만물의 주인이신 창조주 하나님께서 먼저 찾지 않으시면 절대로 찾아질 수 없는 잃어버려진 양이나, 잃어버려진 드라크마와 같은 사람들이 있다는 것이다.

창조주 하나님을 아예 처음부터 모르거나 하나님을 잃어버려 하나님을 찾지 않는 사람들에게 창조주 하나님께서 먼저 찾아가셔서 살아 계신 하나님을 만나는 체험을 한 사람들의 예를 성경에서 찾아보자.


① 갈대아 우르 땅에 살고 있던 아브람을 찾아가신 하나님

창세기 12장에 아브람에게 먼저 찾아가신 분은 창조주 하나님이셨다.

그때 아브람의 나이 75세였다. 아브람은 죄와 우상숭배가 만연한 갈대아 우르라는 도시에서 하나님을 전혀 모르고 살아가고 있

었을 때 창조주 하나님께서 먼저 아브람을 찾아오셔서 "너는 너의 고향과 친척과 아버지의 집을 떠나 내가 네게 보여 줄 땅으로 가라"는 살아계신 하나님을 만나는 체험을 하고 그때 아브람은 하나님을 영접하고, 하나님의 말씀에 순종하며 살아가게 된다.  그 후 아브람의 99세 때 하나님께서 또 아브람에게 찾아오셔서 '내가 너와 언약을 세우리니, 이제 후로는 네 이름을 아브람이라 하지 아니하고, 아브라함이라 하리니'라고 하시면서, 이름을 개명해 주셨다(창 17:1-5)

'아브라함'이란 뜻은 '여러 민족의 아버지'라는 뜻이다. 이로써 아브라함은 '믿음의 조상'이 된 것이다.

"믿음으로 아브라함은 부르심을 받았을 때에 순종하여 장래의 유업으로 받을 땅에 나아갈새 갈 바를 알지 못하고 나아갔으며" (히 11:8)

"아브라함이 바랄 수 없는 중에 바라고 믿었으니 이는 네 후손이 이같으리라 하신 말씀대로 많은 민족의 조상이 되게 하려 하심이라" (롬 4:18)

이처럼 창조주 하나님께서 잃어버려졌던 아브람에게 찾아오셔서 아브람을 통해 선민 유대 민족을 세우시고, 그 선민 유대 민족을 통해 유일신(唯一神) 하나님을 섬기게 하시고, 그 유대 민족을 통해 유일신 하나님을 증언하게 하시고, 인류를 구원하실 계획을 세우신 것이다.

이처럼 하나님에게 찾아진 아브라함은 하나님의 살아계심을 몸소 체험하고 그 뒤 평생 하나님을 섬기며 살아가 믿음의 조상이

된 것이다.

②  미디안 광야에서 양을 치던 모세에게 찾아오신 하나님

40세 때 애굽을 떠나 미디안 땅으로 도망간 모세가 80세 때 미디안 광야에서 양떼를 돌보며 하나님의 산 호렙에 이르렀을 때 떨기나무에 불이 붙은 것을 보고 이상하고 신기하게 여겨 가까이 가보려 할 때, 떨기나무 불꽃 속에서 ‘모세야, 모세야! 네가 선 곳은 거룩한 땅이니 발에 신을 벗으라’라는 음성을 듣고 모세가 깜짝 놀라 발걸음을 멈추었다.(출 3:1-5)는 것이다.

모세는 이때 떨기나무 불꽃 속에서 자신을 찾아오신 전능하신 창조주 하나님을 처음 만나 살아계신 하나님을 강력하게 체험하였다.

그리고 모세는 하나님께서 명하신 대로 이스라엘 백성들을 출애굽시켰고, 이스라엘 백성들을 이끌고 홍해 바다를 건너 광야생활 40년 동안 이스라엘 백성을 인도하였으며, 시내 산에서 하나님으로부터 십계명의 율법을 받았고, 더 나아가 성막을 만들어 유일신 창조주 하나님을 섬기게 하였다.

그리고 모세는 이스라엘 백성들이 요단강을 건너 가나안 땅에 들어가기 전에 느보 산에 올라 가나안 땅을 바라보고, 나이 120세에 건강한 몸으로 하나님의 부르심을 받아 하나님 나라로 갔다는 것이다.

“모세가 모압 평지에서 느보 산에 올라가 여리고 맞은편 비스가 산꼭대기에 이르매 여호와께서 길르앗 온 땅을 단까지 보이시

고" (신 34:1)

"모세가 죽을 때 나이 백이십 세였으나 그의 눈이 흐리지 아니하였고 기력이 쇠하지 아니하였더라" (신 34:7)

모세는 그 숱한 역경과 고난과 어려움 속에서도 하나님을 원망하지 않고, 하나님을 떠나지 않았던 것은 모세의 나이 80세 때 미디안 땅 하나님의 산 호렙에서 떨기나무 불꽃 가운데 나타나신 창조주 하나님을 강렬하게 체험한 후에 그 믿음을 붙들고 평생을 하나님의 말씀에 순종하며 살았기 때문이다. 그래서 하나님을 믿는 사람들은 반드시 살아계신 하나님을 강렬하게 체험하는 신앙이 중요하다는 것이다.

### ③ 사마리아 우물가의 여인을 찾아오신 예수님

요한복음 4장에 예수님께서 제자들과 유대 땅을 떠나 갈릴리로 가실 때, 일부러 사마리아로 들어가셨다. 보통 유대인들은 예루살렘에서 갈릴리로 내려가거나 혹은 갈릴리에서 예루살렘으로 올라가야 할 일이 있을 때, 사마리아를 통과해가면 지름길이라 거리와 시간이 단축되어 빨리 갈 수 있지만 사마리아 사람들과 상종하지 않으려 사마리아를 피해 멀리 돌아서 간다. 그런데 예수님은 일부러 사마리아로 들어가셨다. 그날 정오쯤에 예수님은 우물가에 물 길러 나온 사마리아의 이름을 밝히지 않은 한 여인을 만나 대화를 나누시면서 자신이 메시야이신 것을 은근히 드러내셨다.

"여자가 이르되 메시야 곧 그리스도라 하는 이가 오실 줄을 내가 아노니 그가 오시면 모든 것을 우리에게 알려 주시리이다 예수

께서 이르시되 네게 말하는 내가 그(HE.메시야)라 하시니라" (요 4:25-26)

예수님은 제자들에게도 자신이 메시야라는 것을 밝히지 않으셨는데, 사마리아 여인에게 자신이 메시야이신 것을 밝힌 것은 놀랍고 신기한 일이다.

사마리아 여인은 물 길러 왔다가 물동이를 버려두고 동네에 들어가 내가 메시야를 만났다고 증언하여 수많은 사마리아 사람들이 와서 예수님의 말씀을 듣고 믿게 되었다는 것이다. 사마리아 여인은 이때 처음으로 예수님을 만났지만 예수께서 메시야이심을 믿고 예수님을 만난 그 신앙 체험으로 평생 승리의 삶을 살 수 있었을 것이다.

사도행전 2장에 나오는 오순절 성령 강림 사건으로 초대교회가 설립되었고, 그 후 예루살렘 교회에 큰 핍박이 일어나 초대교회 구성원들이 사방으로 흩어져 복음을 전하게 되었다. 그때 빌립 집사가 사마리아로 내려가서 복음을 전했다는 기록이 사도행전 8장에 나온다. 사마리아 사람들은 빌립 집사를 통해 예수 그리스도에 관한 복음을 듣고 예수의 이름으로 침례를 받으며, 베드로와 요한을 초청하여 부흥 집회를 열고 성령을 받게 된다. 이것은 사마리아 우물가에서 예수님을 만난 사마리아 여인을 통해 메시야의 복음을 먼저 듣게 된 사마리아 사람들이 마음의 문을 열고 베드로와 요한의 설교를 듣고 안수를 받아 성령을 받고 사마리아에 처음 예수 그리스도의 교회가 세워지는 결과를 가져왔음을 알 수 있다.

이 놀라운 결과는 하나님께 잃어버려졌던 사마리아 여인에게 예수님께서 먼저 찾아가셨기 때문에 사마리아에 복음의 열매가 맺게 된 것이다.

④ 갈릴리 바다에서 물고기를 잡던 베드로를 찾아오신 예수님

갈릴리 바다는 게네사렛 호수, 디베랴 바다 등 세 가지 이름으로 불리었다.

갈릴리 바다는 큰 호수로 각종 물고기가 서식하고 있어 예수님 당시에 어부들이 갈릴리 바닷가에 많이 살고 있었다.

지금도 성지 순례를 가면 갈릴리 바다 주변의 식당에서 세계 각지에서 온 성지순례 객들에게 '베드로 물고기'라며 물고기를 기름에 튀겨 팔고 있다. 필자도 갈릴리 바닷가 식당에서 기름에 튀긴 베드로 물고기를 맛있게 먹은 경험이 있다.

누가복음 5장에 보면, 베드로는 갈릴리 바다에서 물고기를 잡아 생계를 이어가던 젊은 어부였다. 그런데 어느 날 밤새 수고를 하고도 물고기 잡은 것이 없어 허탈한 가운데 이른 아침 바닷가에서 그물을 정리하고 있는데, 예수님께서 베드로를 찾아오셔서 배를 잠깐 빌려 타고 말씀을 전하게 해달라고 청하셨다.

그날 아침 베드로의 심정은 전날 밤 물고기를 잡지 못해 허탈하고 심란한 가운데 있었다. 그런데 잘 알지 못하는 예수님이 찾아오셔서 배를 잠깐 빌려달라는 청을 하셨고, 베드로는 어떤 거부할 수 없는 힘에 이끌려 순종을 하였다. 베드로의 배를 빌려 타신 예수님께서 바닷가에 앉아 있는 사람들에게 천국 복음을 전파하시고 나서 베드로에게 다시 깊은 데로 가서 그물을 내려 고기를 잡

으라고 이르셨다. 예수님의 말씀에 베드로는 "선생님 우리들이 밤이 새도록 수고하였으되 잡은 것이 없지마는 말씀에 의지하여 내가 그물을 내리리이다"라고 대답하고, 말씀에 순종하여 다시 배를 몰고 깊은 바다로 나가 그물을 내렸더니 그물이 찢어질 정도로 많은 물고기가 잡혔다. 베드로는 이를 보고 예수의 무릎 아래 엎드려 "주여 나를 떠나소서 나는 죄인이로소이다"라고 하였다. 사실 그때 베드로는 예수님에 대한 강력한 믿음의 큰 체험을 한 것이다.

그래서 베드로는 "이제 후로는 네가 사람을 취하리라"라는 예수님의 부르심에 망설임 없이 모든 것을 버려두고 예수님을 따라가 제자가 되었다.

베드로는 오랜 기간 갈릴리 바다에서 물고기를 잡아왔지만, 밤도 아닌 낮에 이렇게 많은 물고기를 잡는다는 것은 갈릴리 바다의 어부로서 상상도 할 수 없는 체험을 한 것이다. 그래서 베드로는 모든 것을 버려두고 예수님을 따라 간 것이다.

베드로는 갈릴리 바다에서 예수님을 만나 놀라운 체험을 하고 예수님의 제자가 되었을 뿐만 아니라, 나중에는 예수님을 위해 십자가에 거꾸로 매달려 순교를 당할 정도로 예수님께서 창조주 하나님, 메시야이신 것을 확신한 것이다.

"예수께서 빌립보 가이사랴 지방에 이르러 제자들에게 물어 이르시되 사람들이 인자를 누구라 하느냐 이르되 더러는 침례 요한, 더러는 엘리야, 어떤 이는 예레미야나 선지자 중의 하나라 하나이다 이르시되 너희는 나를 누구라 하느냐 시몬 베드로가 대답하여 이르되 주는 그리스도시요 살아 계신 하나님의 아들이시니이다"

(마 16:13-16)

베드로의 이 고백은 예수 그리스도에 대한, 한 점 오류가 없이 정확한 유일신(唯一神) 하나님에 대한 신앙 고백이었다. 예수님께서는 베드로의 신앙 고백을 들으시고 기뻐 칭찬하셨다. 베드로가 이렇게 예수님에 대해 정확한 신앙 고백을 할 수 있었던 것은 살아계신 하나님을 강력하게 체험하였기 때문이다.

⑤ 다메섹 도상에서 사도 바울을 찾아오신 예수님

유대교회의 열렬한 열심당원 이었던 사울은 예수님을 창조주 하나님으로 믿는 유대인 그리스도인들을 핍박하고 죽이고 감옥에 가두기 위해 대제사장으로부터 권한을 위임받아 다메섹으로 가는 길에 부활하신 예수님을 만나게 된다.

부활하신 예수님께서 먼저 사울을 찾아오신 것이다.

「현대어 성경」 "한편 사울은 모든 그리스도인을 다 잡아 죽일 작정으로 살기가 등등해서 예루살렘에 있는 대제사장을 찾아갔다. 그는 다메섹에 가서 그리스도인이면 남녀를 가릴 것 없이 눈에 띄는 대로 모조리 예루살렘으로 붙잡아 올 테니 다메섹에 있는 여러 회당에 보내는 공문을 써달라고 요구하였다. 사울이 이 용무를 띠고 다메섹 가까이 갔을 때였다. 갑자기 하늘에서 눈부신 빛이 번쩍이더니 그를 내리비추었다. 사울은 그만 땅에 엎드러지고 말았다. 그때 한 음성이 사울에게 들렸다. 사울아 사울아 어찌하여 나를 박해하느냐? 당신은 누구십니까? 사울이 물었다. 그러자 곧 대답이 들려왔다. 나는 네가 박해하는 예수다." (행 9:1-5)

사울과 같이 가던 사람들은 소리(음성)만 듣고 아무도 보지 못하여 놀라 말을 못하고 서 있었다. 사울은 눈에 비늘 같은 것이 끼어 아무것도 볼 수 없는 상태가 되어 사람들에 이끌려 다메섹으로 들어가 사흘 동안 보지도 못하고 먹지도 못한 상태에서 살아계신 하나님을 깊이 체험했다.

사울은 다메섹에서 예수님을 믿는 아나니아라는 제자를 통해 안수를 받고 다시 보게 되었고, 아나니아를 통해 예수께서 누구신지 배우고, 예수님 이름으로 침례를 받는다. 사울은 그 후 아라비아로 가서 약 3년 동안 말씀과 기도에 전무하다가 자기 고향 다소로 가서 오랜 기간 머물러 있었다.(갈 1:17)

사울이 자기 고향 다소에 머물고 있을 때 초대교회 지도자들이 바나바를 보내 사울을 찾아 안디옥으로 데려왔으며, 1년간 안디옥에서 바나바와 사울이 예수 믿는 사람들을 가르칠 때 처음으로 예수님 믿는 사람들을 일컬어 『그리스도인』이라 부르기 시작했다는 것이다(행 11:25)

이렇게 사울은 다메섹에서 부활하신 예수님을 체험한 후 예수님의 제자가 되어 바울이라는 이름으로 예수님을 증언하는 사도로 쓰임 받았으며, 로마에서 2년 동안 투옥되었다가 네로 황제 때 순교 당하였다.

바울은 순교 당하여 죽을 때까지 성경 14권을 기록하였다. 사도 바울이 기록한 성경은 로마서, 고린도 전·후서, 갈라디아서, 에베소서, 빌립보서, 골로새서, 데살로니가 전·후서, 디모데 전·후서, 디도서, 빌레몬서, 히브리서 등인데, 히브리서의 저자에 대해서는 많은 논란이 있지만 필자는 바울의 서신으로 믿는다.

이처럼 사도 바울은 다메섹 도상에서 부활하신 예수님을 만나고, 로마에서 순교하기까지 4차례 전도여행을 하면서 수많은 사람들에게 복음을 전하며, 각 지역에 교회를 세우고, 기독교 이천년 역사 속에 가장 위대한 선교 사역을 이룬 하나님의 종이었다.

사울이 다메섹 도상에서 부활하신 예수님을 체험하지 않았다면, 사울은 아마 수많은 그리스도인들을 잡아 죽이고, 감옥에 가두는 핍박 자가 되었을 것이다.

이처럼 사울이 다메섹 도상에서 부활하신 예수님을 직접 만났기에 하나님께 쓰임 받는 사도가 된 것이다.

"주께서 이르시되 가라 이 사람은 내 이름을 이방인과 임금들과 이스라엘 자손들에게 전하기 위하여 택한 나의 그릇이라" (행 9:15)

이외에도 성경에는 잃어버려진 양, 잃어버려진 드라크마와, 같은 사람들을 하나님께서 먼저 찾아가신 경우가 많이 기록되어 있다. 그러므로 창조주 하나님께서 잃어버려진 사람들에게 먼저 찾아가 만나주신 사람들은 특별한 은총을 받은 사람들이라 할 수 있다.

## 2. 살아계신 하나님을 만나는 체험을 하려면 간절한 믿음이 있어야 한다.

① 사사기에 보면, 이스라엘 백성들이 가나안 땅에 정착한 뒤에 약 400년 동안 왕이 없이 사사들이 통치하는 시대가 있었다. 사사들이 통치하던 시대에 이스라엘 백성들은 미디안 부족에게 7년

동안 괴롭힘을 당하였다. 농사를 짓고 가을에 농산물을 거둬들이면 미디안 족속이 와서 다 빼앗아 가고, 가축을 길러 놓으면 가축을 다 빼앗아 가 이스라엘 백성들은 견디다 못해 하나님께 부르짖어 기도하기 시작했다.

미디안이 이스라엘을 괴롭혔다는 것은 미디안이 이스라엘보다 더 강했다는 것을 의미한다. 성경에서 미디안 족속이 생겨나게 된 동기를 살펴보면,

"사라가 백이십칠 세를 살았으니 이것이 곧 사라가 누린 햇수라 사라가 가나안 땅 헤브론 곧 기럇아르바에서 죽으매 아브라함이 들어가서 사라를 위하여 슬퍼하며 애통하다가" (창 23:1-2)

"그 후에 아브라함이 그 아내 사라를 가나안 땅 마므레 앞 막벨라 밭 굴에 장사하였더라(마므레는 곧 헤브론이라)" (창 23:19)

아브라함의 아내 사라가 127세에 사망했을 때 아브라함의 나이는 137세였다. 아브라함은 아내 사라가 죽은 후에도 38년을 더 생존했다.

아브라함은 아내 사라가 죽은 뒤, 이삭은 장가가 살림을 나고, 나이 많아 혼자서 외롭고 쓸쓸했을 것이다. 그래서 아브라함은 그두라라는 여인과 재혼을 했다.

"아브라함이 후처를 맞이하였으니 그의 이름은 그두라라" (창 25:1-4)

아브라함은 그두라라는 후처를 통해 시므란과, 욕산과, 므단과, 미디안과, 이스박과, 수아를, 낳았다고 기록되어 있다.

그리고 "미디안의 아들은 에바와, 에벨과, 하녹과, 아비다와, 엘

다아니, 다 그두라의 자손이었더라"(창 25:4)라고 되어 있다.

이렇게 보면 미디안 후손들도 결국은 아브라함의 후손이라 할 수 있다.

아브라함이 그두라라는 후처를 얻어 낳은 자녀들 중에 네 번째 아들이 미디안이었다. 그 미디안이 결혼하고, 자손들이 번성하여 한 부족을 이루었으며, 미디안의 후손들을 미디안 부족이라 부르게 된 것이다. 그렇게 불어난 미디안 부족들은 가축을 기르는 유목민 생활을 하며 다른 나라 사람들과 무역을 하였다.

"그때에 미디안 사람 상인들이 지나가고 있는지라 형들이 요셉을 구덩이에서 끌어올리고 은 이십에 그를 이스마엘 사람들에게 팔매 그 상인들이 요셉을 데리고 애굽으로 갔더라" (창 37:28)

야곱의 아들, 즉 요셉의 형들이 들에서 양을 치다가 자신들이 미워하는 요셉이 오는 것을 보고 요셉을 미디안 상인들에게 은(銀) 이십을 받고 팔아넘긴 것이다. 아브라함의 아들, 이삭의 후예들은 이렇게 아브라함의 후처인 그두라의 아들들과 엮이게 되었다.

그런가 하면, 애굽에서 태어난 모세는 바로(왕)에게 쫓겨 미디안 땅으로 도망가서 미디안의 제사장 이드로의 딸 중에 십보라라는 여인과 결혼을 했다.(출 2:15-22)

그런데 이스라엘 백성들이 출애굽한 후, 광야 싯딤에서 미디안으로 인해 타락하여 여호와께 범죄하게 되자, 여호와께서 모세에게 명령하신다.

"이스라엘 자손의 원수를 미디안에게 갚으라 그 후에 네가 네 조상에게로 돌아가리라" (민 31:2)

"그들이 여호와께서 모세에게 명령하신 대로 미디안을 쳐서 남자를 다 죽였고 그 죽인 자 외에 미디안의 다섯 왕을 죽였으니 미디안의 왕들은 에위와 레겜과 수르와 후르와 레바이며 또 브올의 아들 발람을 칼로 죽였더라"(민 31:8)

어떻게 보면 모세 입장에서는 처갓집의 나라 미디안과 싸움을 한 것이다. 그런데 그 후 미디안은 세력을 키워 이스라엘 백성들이 가나안 땅에 정착한 뒤에도 계속해서 이스라엘을 괴롭혔다.

미디안이 이스라엘을 괴롭힐 때 하나님의 사자(使者)가 기드온에게 나타나 '너는 가서 너의 힘으로 이스라엘을 미디안의 손에서 구원하라'(삿 6:14)라는 하나님의 명령을 전달한다.

"그러나 기드온이 그에게 대답하되 오 주여 내가 무엇으로 이스라엘을 구원하리이까 보소서 나의 집은 므낫세 중에 극히 약하고 나는 내 아버지 집에서 가장 작은 자니이다 하니 여호와께서 그에게 이르시되 내가 반드시 너와 함께 하리니 네가 미디안 사람 치기를 한 사람을 치듯 하리라 하시니라 기드온이 그에게 대답하되 만일 내가 주께 은혜를 얻었사오면 나와 말씀하신 이가 주(主) 되시는 표징(증거)을 내게 보이소서" (삿 6:15-17)

"그 때에 미디안과 아말렉과 동방 사람들이 다 함께 모여 요단강을 건너와서 이스르엘 골짜기에 진을 친지라" (삿 6:33)

미디안 군대와 아말렉 군대와 동방의 군대가 연합군을 형성하여 이스라엘을 치러 온 것을 보고, 기드온이 나팔을 불어 이스라엘 군대를 소집하고 그날 밤에 하나님께 간구하여 기도한다.

"보소서 내가 양털 한 뭉치를 타작마당에 두리니 이슬이 양털에만 있고 주변 땅은 마르면 주께서 이미 말씀하심 같이 내 손으로 이스라엘을 구원하실 줄을 내가 알겠나이다 하였더니 그대로 된지라 이튿날 기드온이 일찍이 일어나서 양털을 가져다가 그 양털에서 이슬을 짜니 물이 그릇에 가득하더라" (삿 6:37-38)

전능하신 하나님께서 기드온 군대와 함께 하시겠다는 징표를 보여준 것이다. 그런데 기드온은 아직도 확신이 없어 그 이튿날 밤 다시 하나님께 요청한다.

"기드온이 또 하나님께 여쭈되 주여 내게 노하지 마옵소서 내가 이번만 말하리이다 구하옵나니 내게 이번만 양털로 시험하게 하소서 원하건대 양털만 마르고 그 주변 땅에는 다 이슬이 있게 하옵소서 하였더니 그 밤에 하나님이 그대로 행하시니 곧 양털만 마르고 그 주변 땅에는 다 이슬이 있었더라" (삿 6:39-40)

기드온이 살아계신 하나님께서 함께 하시겠다면 표징(증거)을 보여 달라고 요청하자, 하나님께서 기드온이 요청한 두 번의 요청을 모두 들어주심으로 용기를 얻은 기드온이 불과 300명의 용사로 미디안의 연합군과 싸워 대승을 하였다는 것이다. 기드온은 미디안과 전쟁하러 나가기 전에 전능하신 하나님께서 함께 하신다는 것을 체험했던 것이다. 전능하신 하나님이 함께하시면 사람의 많고 적음은 숫자에 불과하다는 것이다.

"여호와의 구원은 사람이 많고 적음에 달리지 아니하였느니라" (삼상 14:6)

"여호와께서 그들을 내주지 아니하셨더라면 어찌 하나가 천을 쫓으며 둘이 만을 도망하게 하였으리오" (신 32:30)

"또 여호와의 구원하심이 칼과 창에 있지 아니함을 이 무리에게 알게 하리라 전쟁은 여호와께 속한 것인즉 그가 너희를 우리 손에 넘기시리라"(삼상 17:47)

그리스도인들은 신앙생활을 통해 살아계신 하나님을 직접 몸으로 체험해야 어떤 고난도 역경도 어려움도 이겨나갈 수 있음을 믿기를 바란다.

② 열왕기하 20장에 보면, 유다 나라의 히스기야 왕이 병들어 죽어 갈 때, 선지자 이사야가 그에게 나아와 "여호와의 말씀이 너는 집을 정리하라 네가 죽고 살지 못하리라 하셨나이다"(왕하 20:1)라고 하나님의 말씀을 전하고 왕궁을 떠나갔다.

이사야 선지자의 통보를 들은 히스기야 왕은 바로 얼굴을 벽으로 향하고 눈물을 흘리며 여호와 하나님께 기도하기 시작하였다. 히스기야 왕의 간절한 기도를 들으신 하나님께서는 즉시로 이사야 선지자를 다시 왕궁으로 보내 '내가 너를 죽이지 않고 15년을 더 살게 해 주겠다'(왕하 20:6)라는 말씀을 전하게 하셨다.

그 말씀을 들은 히스기야 왕은 이사야 선지자에게 "여호와께서 나를 낫게 하시고 삼 일 만에 여호와의 성전에 올라가게 하실 무슨 징표가 있나이까?"(왕하 20:8)라고 물었다.

"이사야가 이르되 여호와께서 하신 말씀을 응하게 하실 일에 대하여 여호와께로부터 왕에게 한 징표가 임하리이다. 해 그림자가 십도를 나아갈 것이니이까 혹 십도를 물러갈 것이니이까 하니 히스기야가 대답하되 그림자가 십도를 나아가기는 쉬우니 그리할 것이 아니라 십도가 뒤로 물러갈 것이니이다 하니라 선지자 이사야가 여호와께 간구하매 아하스의 해시계 위에 나아갔던 해 그림자를 십도 뒤로 물러가게 하셨더라"(왕하 20:9-11)

히스기야 왕이 구한 징표는 절대로 세상에서 일어날 수 있는 징표가 아니다. 히스기야 왕은 전혀 불가능한 징표를 구했는데, 창조주 하나님께서는 히스기야 왕 한 사람의 생명을 연장해준다는 징표를 보여주시기 위해 아하스의 해시계 위에 나아갔던 해(태양) 그림자를 십도 뒤로 물러가게 하셨다는 것이다.

그리스도인들도 때로 세상을 살아가면서 삶의 간절한 문제가 있다면 기드온처럼 히스기야 왕처럼 증거, 징조, 징표, 표징을 하나님께 구하라는 것이다.

"너는 네 하나님 여호와께 한 징조를 구하되 깊은 데서든지 높은 데서든지 구하라 하시니"(사 7:11)

"구하라 그리하면 너희에게 주실 것이요 찾으라 그리하면 찾아낼 것이요 문을 두드리라 그리하면 너희에게 열릴 것이니 구하는 이마다 받을 것이요 찾는 이는 찾아낼 것이요 두드리는 이에게는 열릴 것이니라"(마 7:7-8)

"내 이름으로 무엇이든지 내게 구하면 내가 행하리라"(요 14:14)


③ 살아계신 하나님을 체험하는 여러 형태

㉠ 불치병에 걸린 사람이 하나님께 기도하여 병 고침을 받았다면 그 사람은 살아계신 하나님을 체험한 것이다.

ⓛ 심각한 어려운 문제를 해결하기 위해 하나님께 기도해서 문제가 해결되었다면 그 사람은 살아계신 하나님을 체험한 것이다.

ⓒ 사무엘상 1장에 나오는 한나와 같이 간절한 기도에 응답을 받았다면 그 사람은 하나님의 살아계심을 체험한 것이다.

ⓔ 사도행전 2장에서 오순절 날 120명이 성령 받은 것 같이, 또는 사도행전 8장에서 사마리아 사람들이 베드로와 요한의 기도를 받고 성령 받은 것 같이, 사도행전 10장에서 베드로의 설교를 듣고 고넬료 가족이 성령 받은 것 같이, 교회시대에 방언을 표적으로 하는 성령 받는 체험을 했다면 그 사람은 살아계신 하나님을 체험한 것이다.

필자도 1971년 1월 5일 경기도 연천 군남에서 신앙생활을 처음 시작하였을 때, 성령 받고 방언의 은사를 받아 살아계신 하나님을 강렬하게 체험하여 지금까지 신앙생활을 하고 있다.

이처럼 그리스도인들이 살아계신 하나님을 체험하는 형태는 각기 다를 수 있다. 그러나 창조주 하나님은 지금도 변함없이 살아계시기 때문에 누구나 찾고 구하면 하나님의 살아계심을 체험하게 될 것이다.


## 결론

하나님의 살아계심을 직접 몸으로 체험하고 예수 믿는 사람들은 어떤 유혹이나 핍박, 고난이나 시련이 와도 하나님의 살아계심을 굳게 믿기 때문에 그 어떤 어려움도 견뎌내며, 신앙생활을 해

나갈 수가 있다.

그러나 하나님의 살아계심을 직접 체험하지 못하고 교회에 다니는 사람들은 비록 모태 신앙일지라도, 아무리 교회를 오래 다녔을지라도, 아무리 많은 십일조를 드리고 헌신했을지라도, 아무리 착하고 선하게 살아왔을지라도, 환난이나 핍박이나 어려움이나 미혹이나 유혹이 오면 쉽게 교회를 떠나고, 예수님을 떠나게 된다.

그래서 예수 믿는 사람들은 반드시 살아계신 하나님을 자신의 오감(五感)을 통해 체험해야 한다. 그리스도인이 살아계신 하나님을 체험하지 못하고 신앙생활을 하는 것은 생명 없는 허수아비와 같고, 쭉정이와 같고, 모래 위에 집을 짓는 것 같아서, 환난과 핍박과 시련이 오면 넘어지고, 쓰러지고, 타락하고, 배신하게 된다.

하나님을 만나는 체험 없이, 친구 따라, 부모 따라, 누군가와의 친교를 위해, 누군가의 전도에 마지못해 교회를 취미 삼아 다니는 사람들의 믿음은 쭉정이 같을 수밖에 없다.

하나님의 살아계심을 꼭 오감을 통해 체험하는 그리스도인이 되기를 축원한다.

# 성경에 계시된 하나님의 이름
## (마 1:21)

# 제7강

# 성경에 계시된 하나님의 이름 (마 1:21)

　세상에 존재하는 모든 만물은 그 나름대로 명칭이나 호칭, 이름을 다 갖고 있다. 만약 만물을 구별하는 명칭이나 호칭, 이름이 없다면, 만물들을 서로 구분하거나 식별할 수 없기 때문에 사람들은 반드시 만물에 명칭이나 호칭, 이름을 붙여서 부른다.

　이름이란, 일종의 명칭이나 호칭으로서 세상에 존재하는 생물이든지 무생물이든지 모두 이름을 붙여 부른다.

　이름의 종류는 대명사(代名詞), 고유명사(固有名詞), 보통명사(普通名詞) 등으로 구분할 수 있다. 크게는 우주의 명칭부터, 하늘, 태양, 달, 별 등에도 이름을 붙여 부르고, 국가에도 국명이 있고, 자연 만물인 산이나 강이나 바다에도 이름을 붙여 부르고, 땅의 수많은 짐승, 벌레, 강이나 바다의 어족들에게도 이름을 붙여 구별하고, 산의 나무, 들풀, 꽃에도 이름을 붙여 부르고, 하늘에 날아다니는 수많은 새들에도 이름이나 호칭을 붙여 부르는 것은 서로 구별하기 위함이다.

　심지어 우리가 먹는 음식에도 이름을 붙여 부르고, 우리가 부르는 노래에도 제목을 붙이고, 공장에서 만들어져 나오는 수많은 제품에도 다 이름을 붙이고, 기업을 경영하는 회사에도 이름이 있고, 일 년에 몇 차례 불어오는 태풍에도 이름을 붙인다.

세상에는 이름이 없는 사물이 없을 정도다. 심지어 이름이 없으면 새로 이름을 지어 붙여주기도 하고, 이름을 모르면 '이름 모를 꽃', '무명용사'라는 명칭을 붙여서 부르기도 한다. 어떻게 해서든지 이름을 붙이려는 것은 서로 구별하고 식별하기 위함이다.

아기도 태어나면 제일 먼저 부모님이 이름부터 지어준다. 국가에 출생 신고를 하려면 반드시 이름이 있어야 하기 때문이다.

최초에 사물에 이름을 붙이기 시작한 사람은 아담이었다.

"여호와 하나님이 흙으로 각종 들짐승과 공중의 각종 새를 지으시고 아담이 무엇이라 부르나 보시려고 그것들을 그에게로 이끌어 가시니 아담이 각 생물을 부르는 것이 곧 그 이름이 되었더라" (창 2:19)

이름(호칭, 명칭)은 그만큼 사물을 구별하는 데 중요한 역할을 한다. 뿐만 아니라, 그 이름을 통해 존재하는 사물들의 정체성이나 성격 특성을 드러내기도 한다. 그래서 성경에도 보면 하나님께서 간혹 사람의 이름을 바꿔주시기도 하셨다.

예를 들면, 아브람은 아브라함으로, 야곱은 이스라엘로, 시몬은 베드로로, 사울은 바울로, 이름을 바꿔 부르셨는데 이는 바뀐 이름을 통해 그 이름이 의미하는 정체성을 가지라는 뜻이다.

예를 들면 사자, 호랑이, 코끼리, 독수리, 강아지 등 동물들의 이름을 들으면, 그들의 정체성이나 성격 특성이 떠오른다.

이처럼 세상에 존재하는 사물들을 서로 구별하고 인식하기 위해서는 반드시 이름이나 명칭, 호칭 등이 있어야 한다.

그렇다면 영적(靈的)인 세계에 실존하시는 창조주 하나님의 이름은 무엇이며, 인간이 실존하시는 창조주 하나님을 어떠한 호칭으로 불러야 할까?

필자는 보이지 않는 영적 세계에 실존해 계시는 창조주 하나님께서 성경을 통해 점진적으로 계시하신 완전한 창조주 하나님의 존엄한 이름을 밝혀보고자 한다.

영(靈)으로 실존해 계시는 창조주 하나님의 이름이나 호칭은 하나님의 본질, 속성, 하나님의 정체성이나, 성품, 성격을 떠올리게 한다.

마찬가지로 천사의 호칭도 천사의 정체성이나 천사의 특성을 떠올리게 한다.

그런가 하면 사탄, 마귀, 귀신의 호칭은 추악한 정체성이나 악한 특성을 떠올리게 한다.

성경에 기록된 창조주 하나님에 대한 수많은 호칭이나 명칭들은 지칭 대명사이지 고유명사가 아니다. 고유명사로서의 이름은 하나밖에 없는 이름을 말한다. 특정한 신(神)이나 특정한 사람, 특정한 국가를 지명하여 부를 때 사용하는 이름은 고유명사이다.

그러므로 기독교인들이 창조주 하나님의 이름을 알려면 성경에서 계시(啓示)하고 밝힌 창조주 하나님의 고유한 이름을 찾아야 한다.

사람도 다른 사람과 만남의 관계를 가질 때, 제일 먼저 이름을 묻고 관계를 갖는 것처럼, 인간이 창조주 하나님을 섬기려면 반드시 창조주 하나님의 이름을 바로 알고 섬겨야 제대로 섬길 수 있지 않겠는가?

그런 측면에서 피조물인 인간이 창조주 하나님을 믿는 신앙생활에서 가장 중요한 것은 천지 만물을 지으신 창조주 하나님의 고유한 이름을 아는 것이라고 할 수 있다.

그렇다면 성경에서 계시한 영적 세계에 존재해 계시는 보이지 않는 창조주 하나님의 이름은 무엇일까? 성경에는 창조주 하나님을 부르는 호칭(呼稱)과 명칭들이 수없이 많이 나타나 있다.

성경에 기록된 창조주 하나님의 호칭으로는,

- 엘(El) : 셈어로 하나님(God) 즉 신(神) (창14:18)

- 엘로아흐(Eloah) : 하나님(God) 즉 신(神) (느 9:17)

- 엘로힘(Elohim) : 주권과 권능과 능력 (창 1:1)

- 엘 엘리온(El-elyon) : 지극히 높으신 하나님 (창 14:18)

- 엘샤다이(El Shaddai) : 전능한 하나님(Almighty God) (창 17:1)

- 야훼(YHWH) : 하나님(God) (출 6:3)

- 아도나이(Adonai) : 주(Lord) (창 15:2)

- 데오스(θεὸς) : 헬라어로 하나님

- 큐리오스(Κύριος) : 주(主) 하나님, 왕, 신(神)으로 호칭,

하나님에 대한 또 다른 명칭으로는,

- 여호와 이레 : '여호와께서 준비하심' (창 22:14)

- 여호와 라파 : '치료하시는 여호와' (출 15:26)

- 여호와 닛시 : '여호와 나의 깃발(승리)' (출 17:15)

- 여호와 샬롬 : '여호와는 평강' (삿 6:24)

- 여호와 라아 : '여호와는 우리의 목자' (시 23:1)

- 여호와 삼마 : '여호와께서 거기에 계시다.' (겔 48:35)

- 여호와 므카데스 : '거룩케 하시는 여호와' (출 31:13)

- 여호와 엘리온 : '지극히 높으신 여호와' (시 7:17)

- 여호와 호시누 : '우리를 지으신 여호와' (시 95:6)

"그의 이름은 기묘자라, 모사라, 전능하신 하나님이라, 영존하시는 아버지라, 평강의 왕이라 할 것임이라" (사 9:6)

그 외에도 성경에는 위대하신 창조주 하나님을 지칭하는 호칭들과 표현들이 무수히 많다.

① 빛 : 성경에는 하나님을 빛으로 표현하였다.

빛에는 발광체의 빛이 있는가 하면 반사체의 빛도 있다. 발광체는 스스로 빛을 발하지만 반사체는 빛을 받아 반사시키는 역할만 한다.

성경에서 하나님이 "나는 빛이요"라고 말씀하실 때, 하나님의 이름이 빛이라는 것은 아니다. 하나님께서 '빛'이라는 말씀은 하나님 자신이 빛을 발하는 발광체라는 것이다. 빛의 특성은 어둠을 몰아내며, 직진하는 성질이 있다.

빛은 타협이 없다. 빛은 이리저리 돌지 않는다. 그러므로 빛은 타협이 없는 올곧은 진리를 의미하기 때문에 하나님께서 자신을 빛이라 표현하신 것이다.

"여호와는 나의 빛이요" (시 27:1)

"참 빛 곧 세상에 와서 각 사람에게 비추는 빛이 있었나니" (요 1:9)

"예수께서 또 말씀하여 이르시되 나는 세상의 빛이니" (요 8:12)

"나는 빛으로 세상에 왔나니" (요 12:46)

"우리가 그에게서 듣고 너희에게 전하는 소식은 이것이니 곧 하나님은 빛이시라 그에게는 어두움이 조금도 없으시다는 것이니라" (요일 1:5)

사도행전에는 사도 바울이 예수 믿는 사람들을 잡아 감옥에 가두기 위해 다메섹 가까이 갔을 때 갑자기 하늘에서 눈부신 빛이 번쩍이더니 그를 둘러 비추었다고 기록하고 있다. (행 9:1-7, 행 22:6-9, 행 26:13-14)

다메섹 도상에서 사도 바울에게 빛으로 나타나신 분은 부활하신 예수 그리스도 이셨다. 사도행전의 저자 누가는 다메섹 도상에서 사도 바울에게 빛으로 나타나신 예수님을 만나는 장면을 조금씩 다르게 기록하였지만 중요한 것은 사도 바울에게 부활하신 예수님께서 초자연적인 빛으로 나타나셨다는 것이다.


② 불꽃

성경에 하나님께서 불꽃 중에 나타나셨다는 표현은 하나님의 임재와 주권과 영광과 위엄을 나타내는 것으로, 하나님에 대한 또 다른 표현이다. 그렇다고 하나님의 이름이 불꽃은 아니다.

㉠ "해가 져서 어두울 때에 연기 나는 화로가 보이며 타는 횃불이 쪼갠 고기 사이로 지나더라" (창 15:17)

아브람이 하나님께 드리는 제물의 쪼갠 고기 사이로 타는 '횃불'이 되어 지나가셨다는 것이다. 아브람에게 나타난 횃불은 하나님의 현현(顯顯)이시다.

ⓛ "여호와의 사자(使者)가 떨기나무 가운데로부터 나오는 불꽃 안에서 그(모세)에게 나타나시니라 그가 보니 떨기나무에 불이 붙었으나 그 떨기나무가 사라지지 아니하는지라" (출 3:2)

미디안 광야에서 양을 치던 80세 된 모세에게 창조주 하나님께서 불꽃으로 나타나셨다. 모세는 미디안 광야의 떨기나무 불꽃 안에서 나타나신 창조주 하나님으로부터 이스라엘 백성을 출애굽 시키라는 막중한 사명을 받았다.

ⓒ 사사기 13장에 보면, 이스라엘 백성들이 다시 하나님 앞에 악을 행함으로 하나님께서 40년 동안 블레셋에게 고통을 받게 하셨다.

"소라 땅에 단 지파의 가족 중에 마노아라 이름하는 자가 있더라 그의 아내가 임신하지 못하므로 출산하지 못하더니 여호와의 사자가 그 여인에게 나타나서 그에게 이르시되 보라 네가 본래 임신하지 못하므로 출산하지 못하였으나 이제 임신하여 아들을 낳으리니 그러므로 너는 삼가 포도주와 독주를 마시지 말며 어떤 부정한 것도 먹지 말지니라 보라 네가 임신하여 아들을 낳으리니 그의 머리 위에 삭도를 대지 말라 이 아이는 태에서 나옴으로부터 하나님께 바쳐진 나실인이 됨이라 그가 블레셋 사람의 손에서 이스라엘을 구원하기 시작하리라 하시니" (삿 13:2-5)

마노아는 자기 아내에게 하나님의 사자(使者)가 나타났다는 이야기를 듣고 여호와께 기도하기를 "주께서 보내셨던 하나님의 사람을 우리에게 다시 오게 하사 우리가 그 낳을 아이에게 어떻게 행할지를 우리에게 가르치게 하소서"(삿 13:8)라고 하였다. 어느 날 하나님의 사자가 다시 나타나자 마노아가 염소 새끼 하나와 소제물을 가져다가 바위 위에서 여호와께 드리니 이적이 일어났다.

"불꽃이 제단에서부터 하늘로 올라가는 동시에 여호와의 사자(使者)가 제단 불꽃에 휩싸여 올라간지라 마노아와 그의 아내가 그것을 보고 그들의 얼굴을 땅에 대고 엎드리니라" (삿 13:20)

이렇게 해서 태어난 아들이 삼손이다. 삼손의 아버지 마노아와 삼손의 어머니에게 하나님께서 불꽃으로 나타나셨다는 것이다.

㉣ 다니엘은 하나님의 보좌 불꽃을 보았다.

"내가 보니 왕좌가 놓이고 옛적부터 항상 계신 이가 좌정하셨는데 그의 옷은 희기가 눈 같고 그의 머리털은 깨끗한 양의 털 같고 그의 보좌는 불꽃이요 그 바퀴는 타오르는 불이며" (단 7:9)

㉤ 사도 바울은 예수님께서 오실 때에 불꽃 가운데에 나타나신다고 하였다.

"환난 받는 너희에게는 우리와 함께 안식으로 갚으시는 것이 하나님의 공의시니 주 예수께서 자기의 능력의 천사들과 함께 하늘로부터 불꽃 가운데에 나타나실 때에" (살후 1:7)

③ 반석

성경에 하나님을 반석으로 표현한 것은 변화무쌍한 미래를 예측할 수 없는 광야를 지나는 이스라엘 백성들에게 믿음의 확신을 주고 하나님은 영원히 변치 않는 하나님이시라는 것을 가르치기 위해 하나님은 반석이라고 말씀한 것이다. 그렇다고 하나님의 이름이 반석은 아니다.

"그는 반석이시니" (신 32:4)

"여호와는 나의 반석이시요 나의 요새시요 나를 건지시는 이시요 나의 하나님이시요 내가 그 안에 피할 나의 바위시요 나의 방패시요 나의 구원의 뿔이시요 나의 산성이시로다" (시 18:2)

"여호와 외에 누가 하나님이며 우리 하나님 외에 누가 반석이뇨" (시 18:31)

"또 내가 네게 이르노니 너는 베드로라 내가 이 반석 위에 내 교회를 세우리니 음부의 권세가 이기지 못하리라" (마 16:18)

"다 같은 신령한 음료를 마셨으니 이는 그들을 따르는 신령한 반석으로부터 마셨으매 그 반석은 곧 그리스도시라" (고전 10:4)


④ 구름

성경에 구름이 나타났다는 것은 종종 하나님의 임재를 상징하기도 한다.

"여호와께서 구름 가운데에 강림하사" (출 34:5)

"여호와께서 구름 기둥 가운데서 그들에게 말씀하시니" (시 99:7)

"말할 때에 홀연히 빛난 구름이 그들을 덮으며 구름 속에서 소리가 나서 이르되 이는 내 사랑하는 아들이요 내 기뻐하는 자니 너희는 그의 말을 들으라 하시는지라" (마 17:5)


⑤ 생명의 떡

신약 성경에서 떡은 예수님의 몸과 말씀을 상징한다.

"내가 곧 생명의 떡이니라" (요 6:48)

"예수께서 이르시되 나는 생명의 떡이니" (요 6:35)

"나는 하늘에서 내려온 살아 있는 떡이니 사람이 이 떡을 먹으면 영생하리라 나의 줄 떡은 곧 세상의 생명을 위한 내 살이니라 하시니라" (요 6:51)

위에 열거한 호칭들은 모두 창조주 하나님의 고유명사 이름이 아니고, 창조주 하나님의 정체성이나 속성, 성품, 성격, 특성을 나타내는 별칭들이다.

성경에 보면, 창조주 하나님께서는 고유명사 이름을 갖고 계시는데, 자신의 이름을 처음부터 계시하지 않으시고, 자신에 대한 별칭과 칭호와 호칭을 알려주시면서, 그 호칭 속에 숨어 있는 하나님의 속성, 하나님의 성품, 하나님의 성격, 하나님의 사역, 하나님의 정체성과 특성을 드러내시다가 인간 세상에 하나님 자신의 고유명사 이름을 점진적으로 계시하셨음을 알 수 있다.

그런 의미에서 그리스도인들은 당연히 창조주 하나님의 고유명사 이름을 정확히 알아야 한다. 하나님의 이름을 바로 알아야 그분의 이름을 부르며 기도하고, 찬양하고, 경배할 것 아닌가? 자신이 섬기는 신(神)의 이름도 모른 채 허공에 대고 기도할 수는 없지 않겠는가?

창조주 하나님께서는 인간들이 하나님의 이름을 알고 싶어 하는 것을 아시면서도 자신의 고유명사의 이름을 처음부터 완전하게 계시해 주시지 않으셨다.

필자는 성경에 계시된 정확한 하나님의 고유명사 이름을 밝히려 한다.

성경을 보면, 창조주 하나님은 인간 세상에 하나님 자신의 이름을 가면을 벗듯이 한 단계 한 단계 점진적으로 계시하여 주셨다는 것을 알 수 있다.

그래서 사도 바울은 창조주 하나님의 이름에 대해 "이 비밀은 만세와 만대로부터 감추어졌던 것인데 이제는 그의 성도들에게 나타났고"(골 1:26),라고 하였다. 만세와 만대로부터 감추어졌던 창조주 하나님의 이름은 하나님 자신 스스로가 계시하지 않으시면 어느 누구도 그 하나님의 이름을 알 수가 없다. 사람들도 초면에 만나 서로 이름을 밝히지 않으면 상대방의 이름을 알 수가 없다. 그래서 처음 만날 때 통성명부터 하는 것이다.

구약 시대의 수많은 믿음의 사람들이 정확(正確)하게 계시된 창조주 하나님의 이름을 모른 채 하나님을 섬긴 것에 비하면, 정확하게 계시된 창조주 하나님의 이름을 알고 하나님을 믿는 오늘날 교회 시대의 사람들은 특별한 은총과 은혜와 축복을 받은 사람들인 줄 깨달아야 한다.

창조주 하나님을 섬기면서 하나님의 이름도 모른다는 것은 언어도단이다.

그럼 성경에서 하나님의 이름이 계시(啓示)되는 과정을 살펴보자.

"태초에 하나님(엘로힘, Elohim)이 천지를 창조하시니라" (창 1:1)

모세는 태초에 창조주 하나님께서 '창조 사건'을 통해 하나님의 존재와 실체를 드러내실 때 '하나님(엘로힘)'이라는 호칭으로 계시해 주셨다는 것이다.

한글로 '하나님'이란 호칭은 지칭 대명사이지 고유명사가 아니다.

간혹 '하나님'이란 호칭을 하나님의 고유의 이름으로 생각하는 사람들도 있다. '하나님'이란 호칭은 약 130여 년 전 기독교가 한국에 처음 들어올 때, 오직 기독교에서만 창조주 하나님을 부르는 호칭으로 사용하기 시작하였다. 이렇게 하나님이란 호칭이 신(神)을 지칭하는 호칭이다 보니, 하나님이라는 호칭을 도용하는 사례들도 많다.

예를 들면, 이슬람교의 신(神) 알라를 하나님이라 하고, 일명 '하나님의 교회'라는 집단에서도 자기네 교주인 안상홍을 가리켜 하나님이라고 하여 사람들을 헷갈리게 한다.

우주와 만물을 창조하지도 않았을 뿐 아니라, 주권과 권능과 능력도 없는 한 개인을 단지 많은 사람이 모여 숭배하는 집단을 이루었다고 신(神)과 같은 반열에 올려 하나님이란 호칭을 사용하는 것은 사탄의 위장술이다.

모세가 창세기 1장 1절에서 창조주 하나님을 히브리어로 엘로힘(Elohim)이라 기록한 것은 하나님의 주권과 권능과 능력을 나타내는 호칭이었다.

엘로힘(Elohim)은 하나님을 뜻하는 엘(El)의 복수형으로, 하나님의 주권과 권능과 능력의 힘의 크심을 나타내기 위해 복수형 호칭을 사용했던 것이다.

모세가 창세기를 기록할 당시 엘로힘이란 호칭은 히브리인들이 믿었던 야훼 하나님에게 사용되었지만, 당시 이방 신(神)을 섬기는 이방인들도 자신들이 믿는 신(神)에게 엘로힘이란 호칭을 붙여 사용하기도 하였다.

마치 한국 기독교에서 신(神)에 대한 호칭으로 '하나님'이라는 호칭을 붙여 사용하는 것과 같다 할 수 있다. 그러므로 엘로힘이란 호칭은 고유명사 이름이 아니고, 지칭 대명사인 것이다.

창조주 하나님은 처음부터 인간 세계에 자신의 이름(name)을 계시하지 않으셨다. 태초에 하나님이 천지를 창조하시면서 하나님 자신의 완전하신 이름을 계시하지 않으시고, 다만 엘로힘(Elohim), 즉 당시 사람들이 신(神)에게 붙이던 호칭으로 계시하셨다.

많은 기독교인들이나 비기독교인들 가운데는 하나님이란 호칭을 하나님의 이름(고유명사)으로 잘못 알고 있는 사람들도 많다.

예를 들어, 한 국가를 대표하는 권력자를 우리는 대통령이라고 부른다. 대통령이라는 호칭은 고유명사 이름이 아니고, 한 국가를 대표하는 가장 높은 권력자를 가리키는 대명사다. '대통령'이라고 하면 우리는 어떤 사람을 가리키는지 안다.

아무리 대통령이라도 공문서를 보낼 때 '대통령'이라는 호칭만 써서 문서를 작성하면 효력이 없다. 반드시 대통령 ○○○이라고 고유명사 이름으로 서명할 때 비로소 문서에 효력이 생기는 것이다.

그리스도인들이 하나님을 믿는다고 하면서 점진적으로 계시된 창조주 하나님의 고유한 이름을 모른다면 제대로 하나님을 믿는 것이 아니다.

창세기 1장 1절의 한글로 '하나님'이라는 호칭은 이름이 아니고, 우주와 만물을 창조하신 위대하신 분의 주권과 권능과 능력을 지칭하는 호칭일 뿐이다.

"여호와 하나님이 땅과 하늘을 만드시던 날에" (창 2:4)

이때 '여호와'라는 호칭이 창세기에 처음으로 등장하지만, 당시 사람들이 하나님을 '여호와'라고 불렀는지는 정확히 알 수가 없다.

그 이유는 뒤의 창세기 4장 26절에서 "셋도 아들을 낳고 그의 이름을 에노스라 하였으며 그때에 사람들이 비로소 여호와의 이름을 불렀더라"라고 기록한 것을 보면, 아담의 아들 셋이라는 사람이 에노스를 낳기 전까지는 여호와의 이름을 부르지 않았다는 것을 유추할 수 있기 때문이다.

아담이 에덴동산에서 쫓겨난 후 아담의 첫째 아들 가인이 자기 동생 아벨을 쳐 죽이는 황망한 사건이 벌어진 다음에 아담이 세 번째 아들을 낳아 이름을 셋이라고 지었다. 그 후 셋도 결혼하여 아들을 낳아 에노스라고 하였는데, 그 때에야 사람들이 비로소 여호와의 이름을 불렀다는 것이다.

이 말씀은 그때서야 사람들이 창조주 하나님에 대한 지식을 깨닫고 '여호와'의 이름을 불렀다는 의미로 해석할 수 있다.

그렇다면 아담의 아들 셋이 에노스를 낳기 전까지는 그 시대 사람들이 정말로 하나님의 이름을 몰랐을까?

아니면 하나님께서 아담에게 하나님의 이름을 '여호와'라고 계시해 주시기는 하셨는데 아담이 하나님의 이름을 함부로 부르지 않으려고 '여호와'라고 부르지 않다가 하나님의 이름을 잊어버렸고, 후에 아담의 아들 셋이 에노스라는 아들을 낳은 뒤에야 하나님의 이름을 다시 기억해 여호와의 이름을 부르게 되었는지는 미스터리이다.

　그런가 하면 출애굽기 3장에서는 "하나님이 또 모세에게 이르시되 너는 이스라엘 자손에게 이같이 이르기를 너희 조상의 하나님 여호와 곧 아브라함의 하나님, 이삭의 하나님, 야곱의 하나님께서 나를 너희에게 보내셨다 하라 이는 나의 영원한 이름이요 대대로 기억할 나의 칭호니라"(출 3:15)라고 했고, 출애굽기 6장에서는 "내가 아브라함과 이삭과 야곱에게 전능의 하나님으로 나타났으나 나의 이름을 '여호와'로는 그들에게 알리지 아니하였고"(출 6:3)라고 했다. 이 말씀은 모세에게 하나님의 이름을 여호와로 처음 알리셨다는 의미가 되는데, 이를 어떻게 해석해야 할까? 두 가지로 추론해 볼 수 있을 것이다.

　하나는, 모세 이전 시대에 아담에게 하나님의 이름을 '여호와'로 계시해 주시기는 하였는데, 그 시대 사람들이 함부로 '여호와'라는 이름을 부르지 않으려고 후손들에게 가르쳐주지 않다가 세월이 흘러 세대가 바뀌면서 후 시대 사람들이 '여호와'라는 이름을 잊어버린 것은 아닐까? 하는 이론 하나와,

　또 하나는, 출애굽기 6장의 말씀과 같이 하나님께서 아브라함과 이삭과 야곱에게 전능의 하나님으로 나타났으나 '여호와'라는 이름을 그들에게는 알리지 않으셨고, 처음으로 모세에게 계시해 주신 것으로 받아들여야 할까?

　성경에 처음으로 계시 된 하나님의 이름이 히브리어 '야훼(יהוה, YHWH)'로 모음이 없이 자음으로만 계시한 것은 인간들이 함부로 거룩하고 존귀하신 하나님의 이름을 망령되게 부르지 못하

게 하시려는 하나님의 뜻이 담겨 있는 것으로 볼 수 있다.

"너는 네 하나님 여호와의 이름을 망령되게 부르지 말라 여호와는 그의 이름을 망령되게 부르는 자를 죄 없다 하지 아니하리라" (출 20:7)

"여호와의 이름을 모독하면 그를 반드시 죽일지니 온 회중이 돌로 그를 칠 것이니라 거류민이든지 본토인이든지 여호와의 이름을 모독하면 그를 죽일지니라" (레 24:16)

구약 시대에 유대인들은 야훼 하나님의 이름을 모독하는 사람은 반드시 죽였다. 그만큼 유대인들은 하나님의 이름을 엄중하고 존귀하게 여겼다. 그래서 유대인들은 창조주 하나님의 이름을 함부로 부르지 않기 위해 하나님의 이름(יהוה, YHWH)을 모음 없이 자음으로만 표기하고, 그래도 꼭 부르고 싶으면 엘로힘(Elohim)이나 아도나이(Adonai)로 불렀다는 것이다.

야훼(יהוה)를 풀이하면 요드(י 만들다, 손), 헤(ה 보이다, 계시하다), 와우(ו 갈고리, 못), 헤(ה 보이다, 계시하다)로, 손에 못 박히신 그분을 보라는 뜻이 되어 야훼(יהוה)라는 이름은 창조자 여호와의 이름이 계시된 십자가에 달리신 예수님(예슈아, 이에수스, 예수)을 가리킨다고 히브리어 학자들은 설명한다. 신기하고 놀랍지 않은가?

또 자음으로만 기록되어 있는 YHWH 문자에 모음을 삽입하여 yehwah 예호와, 또는 yahwah 야호와, 또는 yahweh 야흐웨로도 불린다. 우리말로 '여호와'는 영어 성경에서 jehovah를 번역한 것이다.

| 야훼(יהוה) 뜻풀이 (히브리어는 오른쪽 글자부터 읽어나간다.) |
| --- |
| 야훼(יהוה) : 손의 못 자국을 보라 |
| ה헤(보라) ו와우(못) ה헤(보라) י요드(손) |
| 나의 주시며, 나의 하나님이시니이다. |

그럼 성경을 통해 점진적으로 계시된 창조주 하나님의 이름을 상고해보자.

① 믿음의 조상 아브라함은 하나님의 이름을 정확하게 모르고 하나님을 섬겼다.

창세기 12장에서 "여호와께서 아브람에게 이르시되 너는 너의 고향과 친척과 아버지의 집을 떠나 내가 네게 보여줄 땅으로 가라"(창 12:1)라고 명령하실 때 아브라함의 나이가 75세였다.

"이에 아브람이 여호와의 말씀을 따라갔고 롯도 그와 함께 갔으며 아브람이 하란을 떠날 때에 그 나이 칠십오 세였더라"(창 12:4)

75세나 된, 오늘날로 말하면 노인이 창조주 하나님을 만나 75년간 살아온 정든 고향 삶의 터전을 떠나 미지의 세계로 갈 때, 하나님의 이름도 모르면서 자신에게 나타나신 하나님만 믿고 의지하고 떠났다는 것이다.

하나님은 믿음의 조상 아브라함에게도 하나님의 정확한 이름을 밝히지 않으시고, 다만 "나는 전능한 하나님(엘샤다이, El Shadd-ai)이라"(창 17:1)라고 만 계시해 주셨다. 아브라함에게 계시된 하나님의 이름은 '전능한 하나님'이라는 호칭이었다.

'전능한 하나님'이란 호칭은 하나님의 정체성, 속성, 성품을 드러낸 것이다.

그래서 아브라함은 '오, 전능(全能)하신 하나님!' 이렇게 하나님을 불렀을 것이다. '전능한 하나님'이 틀린 말은 아니지만 정확하게 계시된 창조주 하나님의 이름(고유명사)은 아니다. '전능한 하나님'이란, 하나님께서 어떤 분이신지 정체성, 특성, 속성을 드러낸 것뿐이다.

② 야곱 또한 하나님의 이름을 모른 채 하나님을 섬겼다.

야곱이 하나님을 만났을 때, 하나님의 이름을 물어보았지만 하나님은 야곱에게 이름을 가르쳐 주지 않으셨다(창 32:29).

야곱은 외삼촌 라반의 집에서 20년 동안 타향살이를 마치고 금의환향하여 아버지가 계신 고향집으로 돌아가는데, 형 에서가 자기를 죽이러 400명의 군사를 데리고 오고 있다는 소식을 듣게 된다.

그 소식을 들은 야곱은 두렵고 답답하여 먼저 형의 감정을 풀기 위해 예물을 보낸 다음, 얍복 강나루에서 가족들과 그의 소유를 다 건너가게 하고, 홀로 남아 창조주 하나님께 처절한 철야기도를 시작하였다. 야곱이 밤새도록 기도할 때, 누군가 옆으로 지나가는 사람을 목격하고, 그 사람을 붙들고 날이 새도록 씨름을 하면서 축복을 해달라고 강청한다.

호세아서 12장에서는 야곱과 씨름한 사람이 하나님이라고 해석하고 있다(호 12:3-4). 야곱의 철야기도 현장에 나타난 사람은 바로 현현하여 나타나신 창조주 하나님이셨던 것이다. 그런데 야곱은 철야기도 현장에 나타난 사람이 처음에는 하나님이신 줄 몰랐다.

사람으로 나타나신 하나님께서는 야곱에게 "네 이름을 다시는 야곱이라 부를 것이 아니요 이스라엘이라 부를 것이니 이는 네가 하나님과 및 사람들과 겨루어 이겼음이니라"(창 32:28)라고 하시면서 이름을 바꾸어주셨다.

야곱은 새 이름을 주신 그분에게 "당신의 이름을 알려주소서"라고 물었다. 그러나 야곱에게 나타나신 하나님은 "어찌하여 내 이름을 묻느냐?"라고 하시면서 이름을 밝히지 않으셨다(창 32:29).

야곱은 얍복 강가에서 자기에게 나타나셔서 이름을 바꿔주시고 축복해 주신 분이 바로 자기 아버지 이삭과, 할아버지 아브라함이, 섬겼던 창조주 하나님이시라는 것을 직감하였다. 그리고 형 에서를 피하여 외삼촌 라반의 집으로 도망가던 첫날밤 광야에서 잠잘 때 꿈속에 나타나셨던 분(창 28:10-22)이 바로 얍복 강가에서 만난 그분과 같은 분이라는 것을 인식하였을 것이다.

그래서 야곱은 얍복 강가에서 기도하다 만나 자기의 이름을 바꿔주시고 축복해주신 하나님의 이름은 몰랐지만, 하나님을 만난 그 장소의 이름을 '브니엘'이라고 자신만 아는 이름을 붙여서 불렀다.

브니엘이란, 하나님의 얼굴이라는 뜻이다. 그러므로 야곱은 얍복 강가에서 하나님의 얼굴을 보았다는 것을 의미한다.

그 이후 야곱은 어떤 고난이나 시련이 와도 하나님을 배신하지 않고, 하나님을 뜨겁게 섬겨 성경에서는 하나님을 '야곱의 하나님'이라 부르기도 한다.

"만군의 여호와께서 우리와 함께 하시니 야곱의 하나님은 우리의 피난처시로다(셀라)" (시 46:7)

"나는 야곱의 하나님을 영원히 선포하며 찬양하며" (시 75:9)

"땅이여 너는 주 앞 곧 야곱의 하나님 앞에서 떨지어다" (시 114:7)

"야곱의 하나님을 자기의 도움으로 삼으며 여호와 자기 하나님에게 자기의 소망을 두는 자는 복이 있도다" (시 146:5)

"나는 아브라함의 하나님이요 이삭의 하나님이요 야곱의 하나님이로라 하신 것을 읽어보지 못하였느냐 하나님은 죽은 자의 하나님이 아니요 살아 있는 자의 하나님이시니라 하시니" (마 22:32)

③ 모세에게 계시하신 하나님의 이름

모세는 미디안 광야 호렙 산에서 떨기나무 가운데 불꽃 안에 나타나신 창조주 하나님을 만나 하나님으로부터 애굽에서 고통 받고 있는 내 백성을 구출하라는 명령을 받게 된다(출 3:2-13).

그때 모세는 "내가 이스라엘 자손에게 가서 이르기를 너희의 조상의 하나님이 나를 너희에게 보내셨다 하면 그들이 내게 묻기를 그의 이름이 무엇이냐? 하리니 내가 무엇이라고 그들에게 말하리이까"(출 3:13)라고 물었지만, 하나님은 모세에게 "나는 스스로 있는 자이니라"라고만 말씀하시고, 고유명사 이름은 가르쳐 주지 않으셨다.

이름은 품사로는 명사(名詞)이다. 모세는 하나님의 고유한 이름, 즉 명사(名詞)를 물었는데, 하나님은 모세에게 나는 '스스로 있다'

라는 동사(動詞)로 이름을 밝히셨다. 창조주 하나님께서 모세에게 하나님의 이름을 동사로 가르쳐 주신 것은 나는 지금도 일(事役)하고 있는 창조주 하나님이라는 것을 의미한다.

그렇다. 창조주 하나님은 과거로부터 현재, 미래까지 존재해 계실 뿐만 아니라, 지금도 계속해서 일하고 계시며 존재해 계시는 분이시라는 것이다.

창조주 하나님의 이름은 너무나 존엄한 이름이기에 모세에게 하나님 자신의 이름을 'I AM WHO I AM.'(나는 스스로 있는 자이다.)라고만 계시해 주셨다. 영어 번역본에 따라서는 'I AM WHO I AM.' 또는 'I AM THAT I AM.'으로 되어 있다. '스스로 계신 하나님', 하나님은 누구에 의해 존재해 계시는 분이 아니라, 스스로 존재해 계시는 하나님이라는 것이다.

누구에 의해 존재하는 신은 절대로 신이 아니다. 신은 스스로 존재하시는 그 분만이 참 신이시다. 그런 의미에서 우리가 섬기는 예수 그리스도는 처음과 나중이요 시작과 끝이 되시는 참 신이심을 깨닫기 바란다.

"하나님이 모세에게 말씀하여 이르시되 나는 여호와이니라 내가 아브라함과 이삭과 야곱에게 전능의 하나님으로 나타났으나 나의 이름을 여호와로는 그들에게 알리지 아니하였고" (출 6:2-3)

창조주 하나님께서 모세에게 그의 조상 아브라함과 이삭과 야곱에게는 '전능의 하나님'으로 나타났으나 여호와라는 이름은 그들에게 알리지 아니하였고, 이제 모세에게 하나님의 이름을 여호와로 계시하신다는 것이다.

④ 신약 시대에 창조주 하나님께서 완전한 하나님의 이름을 계시하셨다.

"아들을 낳으리니 이름을 『예수』라 하라 이는 그가 자기 백성을 그들의 죄에서 구원할 자이심이라 하니라" (마 1:21)

『예수』 그 이름의 뜻은 '자기 백성을 그들의 죄에서 구원할 자'라는 뜻이라는 것이다. 이름에는 의미와 뜻이 있다고 앞에서 설명했다.

인간 사회에서 이름이나 호칭을 중요하게 여기는 것은 그 이름이나 호칭이 가지고 있는 정체성과 의미와 뜻을 새기기 때문이다.

이천년 전에 육신의 몸을 입고 베들레헴의 마구간에서 탄생하신 아기 예수는 우주와 만물을 창조하신 하나님의 본체(本體)로서, 아브라함에게 나타나셨고, 야곱에게 나타나셨고, 모세에게 나타나셨고, 구약의 수많은 선지자에게 나타나셨던 전능하신 창조주 하나님이신 것이다.

그 창조주 하나님께서 스스로 독생(獨生) 하시면서 천사에게 메시지를 전하게 하셨다. '아들을 낳으리니, 이름을 예수라 하라.'

육신의 몸을 입고 탄생하신 예수 그리스도는 영(靈)으로 실존해 계시던 창조주 하나님의 본체(本體)이시다. 그분이 직접 이 땅에 육신의 몸을 입고 강생(降生)하신 것이다.

"그(예수)는 근본 하나님의 본체(本體)시나 하나님과 동등 됨을 취할 것으로 여기지 아니하시고 오히려 자기를 비워 종의 형체를 가지사 사람들과 같이 되셨고 사람의 모양으로 나타나사 자기를 낮추시고 죽기까지 복종하셨으니 곧 십자가에 죽으심이라 이러므로 하나님이 그를 지극히 높여 모든 이름 위에 뛰어난 이름을 주사 하늘에 있는 자들과 땅에 있는 자들과 땅 아래 있는 자들로 모든 무릎을 예수의 이름에 꿇게 하시고 모든 입으로 예수 그리스도를 주라 시인하여 하나님 아버지께 영광을 돌리게 하셨느니라" (빌 2:6-11)

사도 바울은 이천년 전에 십자가에서 죽임을 당하신 예수 그리스도께서 창조주 하나님 그분이시라는 것이다.

"그 안에는 신성(神性)의 모든 충만이 육체로 거하시고" (골 2:9)

예수 그리스도는 육체를 입고 이 땅에 오신 창조주 하나님이셨다. 따라서 예수 그리스도 안에는 하나님의 본성, 속성, 능력이 충만히 거하시므로 예수님께서는 육체를 입으신 하나님으로서 사역을 통해 갖가지 기적과 이적을 행하실 수 있었던 것이다.

뿐만 아니라, 예수님은 공생애 사역기간 동안 가르치시기를 '내가 그(that I am he, 창조주 하나님)인 줄 믿지 않으면 너희가 죄 가운데서 죽으리라'라고 말씀하셨다.

"그러므로 내가 너희에게 말하기를 너희가 너희 죄 가운데서 죽으리라 하였노라 너희가 만일 내가 그인 줄 믿지 아니하면 너희 죄 가운데서 죽으리라" (요 8:24)

"지금부터 일이 일어나기 전에 미리 너희에게 일러둠은 일이 일어날 때에 '내가 그인 줄' 너희가 믿게 하려 함이로라" (요 13:19)

"여자가 이르되 메시야 곧 그리스도라 하는 이가 오실 줄을 내가 아노니 그가 오시면 모든 것을 우리에게 알려 주시리이다 예수께서 이르시되 네게 말하는 내가 그라 하시니라(Jesus saith nuto her, "I that speak unto thee am he")" (요 4:25-26)

이천 년 전에 유대 땅에 살던 유대인들은 영(靈)의 눈이 가려져 육신의 몸을 입고 오신 예수 그리스도를 사람의 아들, 즉 요셉의 아들로만 보았기 때문에 예수님을 십자가에 못 박아 죽인 것이다. 예수님은 사람의 몸을 입기는 하였지만, 그분은 창조주 하나님의 본체이셨다.

예수님께서 창조주 하나님이라는 것이 깨달아지고 믿어지는 사람들은 복 있는 사람들이다.

기독교인들 가운데는 아버지 하나님이 따로 존재하고, 아들 하나님도 따로 존재하여, 아버지 하나님이 아들 하나님을 이 땅에 보내셨다고 가르치고 믿는 사람들도 있다.

그러나 성경의 가르침은 창조주 하나님께서 인류의 죄를 사하시고, 구속하시고, 구원하시기 위해 스스로 육신의 몸을 입고 이 땅에 오셨다는 것이다.

그러므로 창조주 하나님은 오직 한 분 유일신(唯一神)으로 그분이 영(靈)으로 실존해 계실 때는 아버지였고, 그분께서 친히 육신의 몸을 입고 이 땅에 오셨을 때는 아들이었으며, 바로 그분이 죽임당하셨다가 부활하시고 승천하셔서 오순절 날 다시 성령으로 오신 것이다.

따라서 마태복음에서 "그러므로 너희는 가서 모든 민족을 제자로 삼아 아버지와, 아들과, 성령의 이름으로, 침례를 베풀고"(마 28:19)라고 하여, 아버지, 아들, 성령을 따로 호칭하는 것은 하나님께서 별개의 세 인격으로 존재하신다는 것이 아니라, 창조주 하나님은 한 분이신데, 하나님께서 영(靈)으로 계실 때는 아버지로, 베들레헴에서 아기로 태어나셨을 때는 아들로, 죽임을 당하셔서 부활하시고 승천하신 다음에는 다시 성령으로 임하신 것이다. 즉 한 분의 동일한 하나님을 인간과의 관계에 따라서 다르게 표현하는 호칭인 것이다.

그러므로 창조주 하나님께서는 별개의 세 인격인 아버지 하나님, 아들 하나님, 성령 하나님으로 분리되어 있는 것이 아니라는 것을 깨달아야 한다.

성경의 가르침은 영(靈)으로 실존해 계시던 창조주 하나님께서 인류의 죄를 사하시고, 구속하시고, 구원하시려고 친히 육신의 몸을 입고 이 땅에 오셨다는 것이다. 그분이 바로 예수 그리스도시다. 예수 그리스도는 구약 성경에서 선지자들이 계속 예언한 인류의 구원자 메시야로 세상에 오신 것이다.

"인자가 온 것은 섬김을 받으려 함이 아니라 도리어 섬기려 하고 자기 목숨을 많은 사람의 대속물로 주려 함이니라" (마 20:28)

"인자의 온 것은 잃어버린 자를 찾아 구원하려 함이니라" (눅 19:10)

영(靈)으로 실존해 계시던 창조주 하나님께서 이천년 전에 이 땅에 육신의 몸을 입고 오시면서 하나님 자신의 이름을 완전하게 계시하셨다.

인간 세상에 완전하게 계시된 창조주 하나님의 이름!

헬라어로는 '이에수스(Ιησοῦς)', 히브리어로는 '예슈아(Jesh-ua)', 한글로는 '예수', 영어로는 '지저스(Jesus)', 중국어로는 '예-쑤'(耶穌), 이 모든 이름의 발음이나 표기는 달라도 그 이름의 뜻은 '자기 백성을 그들의 죄에서 구원할 자'라는 뜻이다.

헬라어 '이에수스(Ἰησοῦς)'는 히브리어 '여호수아(Jehoshua)'의 축약형인 '예슈아(Jeshua)'를 코이네 그리스어로 옮긴 말이다.

"아들을 낳으리니 이름을 예수라 하라"(마 1:21)에서 '이에수스(Ἰησοῦς)'는 구약 성경의 창조주 하나님에 대한 모든 호칭, 칭호, 명칭을 포함하는 마지막 시대에 계시된 창조주 하나님의 완전한 이름인 것이다.

'이에수스(Ἰησοῦς)', 그 이름은 창세전부터 감추어졌던 전능하신 창조주 하나님의 이름을 온 세상에 드러내신 것이다.

"이 비밀은 만세와 만대로부터 감추어졌던 것인데 이제는 그의 성도들에게 나타났고 하나님이 그들로 하여금 이 비밀의 영광이 이방인 가운데 어떻게 풍성한지를 알게 하려 하심이라 이 비밀은 너희 안에 계신 그리스도시니 곧 영광의 소망이니라" (골 1:26-27)

"이는 그들로 마음에 위안을 받고 사랑 안에서 연합하여 확실한 이해의 모든 풍성함과 하나님의 비밀인 그리스도를 깨닫게 하려 함이니" (골 2:2)

"그리하면 내가 마땅히 할 말로써 이 비밀을 나타내리라" (골 4:4)

"크도다 경건의 비밀이여, 그렇지 않다 하는 이 없도다 그는 육신으로 나타난 바 되시고 영으로 의롭다 하심을 받으시고 천사들에게 보이시고 만국에서 전파되시고 세상에서 믿은 바 되시고 영광 가운데서 올려지셨느니라" (딤전3:16)

"주 여호와께서는 자기의 비밀을 그 종 선지자들에게 보이지 아니하시고는 결코 행하심이 없으시리라" (암 3:7)

"이르시되 하나님 나라의 비밀을 아는 것이 너희에게는 허락되었으나 다른 사람에게는 비유로 하나니 이는 그들로 보아도 보지 못하고 들어도 깨닫지 못하게 하려 함이라" (눅 8:10)

"사람이 마땅히 우리를 그리스도의 일꾼이요 하나님의 비밀을 맡은 자로 여길지어다" (고전 4:1)

"이 비밀이 크도다 나는 그리스도와 교회에 대하여 말하노라" (엡 5:32)

예수 (이에수스, Ἰησοῦς) 그리스도의 이름은 영원 속에 감추어져 있던 비밀이었는데, 이제 교회 시대에 그의 성도들에게 드러내신 것이다. 이 비밀을 전하고 증언해야 할 사명이 교회시대 그리스도인들에게 있음을 깨닫기 바란다.

이렇게 창조주 하나님의 이름을 계시해 주셨는데도 아직도 창조주 하나님의 이름을 모른다든지 관심이 없다면 불행한 사람들이다.

"다른 이로써는 구원을 받을 수 없나니 천하 사람 중에 구원을 받을 만한 다른 이름을 우리에게 주신 일이 없음이라 하였더라" (행 4:12)

"또 무엇을 하든지 말에나 일에나 다 주 예수의 이름으로 하고 그를 힘입어 하나님 아버지께 감사하라" (골 3:17)

"내 이름(예수)으로 무엇이든지 내게 구하면 내가 시행하리라" (요 14:14)

"그(예수)는 몸인 교회의 머리라 그(예수)가 근본이시요 죽은 자들 가운데서 먼저 나신 이시니 이는 친히 만물의 으뜸이 되려 하심이요" (골 1:18)

예수님은 교회의 머리이시고, 주인이시다. 또 예수 그리스도는 만왕의 왕(王)이요 만주의 주(主)이시다(계 19:16).

그러므로 인류는 예수 그리스도의 이름으로 죄 사함과 구원을 얻고, 예수 이름으로 병 고침을 받고, 예수 이름으로 귀신이 쫓겨 나가고, 예수 이름으로 문제가 해결되고, 예수 이름으로 은혜와 축복을 받고, 예수 이름 안에서 참 기쁨과 평안과 희망을 노래할 수 있다.

## 결론

완전하게 계시된 위대하신 창조주 하나님의 이름을 아는 그 사람을 하나님은 존귀하게 여기시고 높이신다.

"하나님이 이르시되 그가 나를 사랑한즉 내가 그를 건지리라 그가 내 이름을 안즉 내가 그를 높이리라" (시 91:14)

창조주 하나님의 이름이 완전하게 계시된 사람은 하나님의 특별한 은총을 받은 사람이다.

"네가 만일 네 입으로 예수를 주로 시인하며 또 하나님께서 그를 죽은 자 가운데서 살리신 것을 네 마음에 믿으면 구원을 받으리라 사람이 마음으로 믿어 의에 이르고, 입으로 시인하여 구원에 이르느니라" (롬 10:9-10)

"누구든지 주(예수)의 이름을 부르는 자는 구원을 받으리라" (롬 10:13)

뇌성마비 시인 송명희의 '그 이름'이라는 시(詩)를 음미해 보자!

예수 그 이름 나는 말할 수 없네

그 이름 속에 있는 비밀을 그 이름 속에 있는 사랑을

그 사랑을 말할 수 없어서 그 풍부함 표현 못해서

비밀이 되었네 그 이름 비밀이 되었네

사람들 그 이름 건축자의 버린 돌처럼 버렸지만

내 마음에 새겨진 이름 아름다운 보석

내게 있는 귀한 비밀이라 내 마음에 숨겨진 기쁨

예수 오 그 이름 나는 말할 수 없네

그 이름의 비밀을 그 이름의 사랑을


송명희 시인의 시(詩)와 같이 '예수', 그 이름은 우리 마음과 신앙에 보석이 되어야 한다. 이제 그리스도인들은 완전하게 계시된 창조주 하나님의 이름인 '예수' 이름으로만 기도하고, '예수' 이름에 존귀와 찬양과 경배와 영광을 돌려야 한다.

"또 무엇을 하든지 말에나 일에나 다 주 예수의 이름으로 하고 그를 힘입어 하나님 아버지께 감사하라" (골 3:17)

# 아버지와 아들과 성령의 이름
## (마 28:19-20)

# 제8강

# 아버지와 아들과 성령의 이름 (마 28:19-20)

성경을 읽고, 배우고, 연구하는 사람들이 깨달아야 할 것이 하나 있다. 일반적인 책은 저술하는 저자의 생각과 논하고자 하는 논점과 책을 쓰고자 하는 방향과 의지가 기록되지만, 성경은 기록자가 자기 생각을 기록한 것이 아니라, 철저하게 성령의 감동을 받은 사람들이 성령께서 기록하게 하심을 따라 기록한 말씀이다.

"모든 성경은 하나님의 감동으로 된 것으로 교훈과 책망과 바르게 함과 의로 교육하기에 유익하니" (딤후 3:16)

"예언은 언제든지 사람의 뜻으로 낸 것이 아니요 오직 성령의 감동하심을 받은 사람들이 하나님께 받아 말한 것임이라" (벧후 1:21절)

성경은 철저하게 기록자들이 성령의 감동을 받아서 기록하였기 때문에 성경을 읽고, 이해하고, 해석하려면 성경을 읽는 사람 또한 성령의 감동이 있어야 성경의 깊은 뜻을 이해하고 해석할 수 있다.

성경 66권의 말씀은 단어만 읽어도 해석되는 말씀도 있지만, 대부분의 성경 말씀은 단어의 의미 속에 하나님께서 말씀하시고자 하는 숨겨지고 감추어진 뜻이 있다. 그래서 성경은 읽고 해석하는 사람이 성령의 감동과 영감을 받아야 이해되고 해석된다.

성경을 한번 잘못 이해하고 해석하면, 그 자신뿐만 아니라 그 사람을 통해 배우는 사람들도 멸망의 길로 가게 된다.

요한복음 1장 1절을 예로 들어 보자.

「한글 성경」 "태초에 말씀이 계시니라 이 말씀이 하나님과 함께 계셨으니 이 말씀은 곧 하나님이시니라"

「NIV 영어 성경」 "In the beginning was the Word and the Word was with God and the Word was God"

「헬라어 성경」 "Εν ἀρχῇ ἦν ὁ λόγος καὶ ὁ λόγος ἦν πρὸς τὸν θεόν καὶ θεὸς ἦν ὁ λόγος" (태초에 말씀이 있었다. 그리고 그 말씀은 그 하나님을 향해 있었다. 그리고 그 말씀은 하나님이시다.)

헬라어 '로고스(λόγος)'를 '말씀'으로 해석하는 것은 모두 같다. 그런데 이 '로고스(λόγος)'를 해석하는데 헬라인들과 히브리인들의 해석의 깊이에 차이가 있다.

예를 들자면, 연극 무대의 배우들이 연기를 하기 위해서는 연극 대본이 있어야 하는데, 헬라인들은 그 연극 대본을 로고스(λόγος), 즉 말씀(하나님)으로 해석한 것이다. 기록된 로고스, 즉 말씀의 의미를 한 단계 더 깊이 들어가 성경을 해석한 것이다.

그런데 헬라인들에 비해 히브리인들은 헬라인들보다도 한 단계 더 깊이 들여다봤다는 것이다. 헬라인들이 "로고스(λόγος)"를 연극 무대의 대본으로 본 것을 히브리 사람들은 그 연극 무대의 대본을 쓴 사람의 사상(思想)을 로고스(λόγος) 즉 말씀(하나님)으로 봤다는 것이다.

이처럼 성경을 읽는 사람들이 겉으로 드러난 성경 말씀 단어나 문자 의미만 해석하는 사람이 있는가 하면, 기록된 말씀의 의미를 성령의 감동을 받아 문자 뒤에 숨겨지고 감춰진 하나님의 뜻이 무엇인지 찾아 해석하려는 사람들도 있다. 그러므로 성경을 읽는 사람에 따라 겉으로 들어난 "로고스(λόγος)"라는 단어의 뜻만 보고 말씀으로 해석하는 사람과 "로고스(λόγος)"라는 단어 의미 뒤의 대본을 보고 말씀으로 해석하는 사람과 "로고스(λόγος)"라는 단어의 대본을 쓴 사람의 생각 사상(思想)을 말씀(하나님)으로 해석하는 사람은 큰 차이가 있다.

성경을 읽고 배우고 연구할 때 기록된 단어나 문자에 나타난 의미만 가지고 성경을 해석한다면 성경에 감춰진 깊고 오묘한 뜻을 이해하기 힘들다. 원어 성경의 단어나 문자 뜻을 해석하는 것도 중요하지만 성경의 단어나 문장의 내용의 흐름을 통해 그 속에 숨겨지고 감춰진 하나님의 깊은 뜻을 찾는 것이 더 중요하다고 할 수 있다.

마태는 예수님께서 마지막으로 제자들에게 명령하신 말씀을 마태복음 28장 19-20절에 기록하였다.

같은 말씀을 한글 성경, 헬라어 성경, 영어 성경으로 비교해 보자!

「한글 성경」 "그러므로 너희는 가서 모든 민족을 제자로 삼아 아버지와 아들과 성령의 이름(고유명사)으로 침례를 주고 내가 너희에게 분부한 모든 것을 가르쳐 지키게 하라 볼지어다 내가 세상 끝날까지 너희와 항상 함께 있으리라 하시니라"

「헬라어 성경」 "πορευθέντες οὖν μαθητεύσατε πάντα τὰἔθνη

βαπτίζοντες αὐτοὺς εἰς τὸ ὄνομα τοῦ πατρὸς καὶ τοῦ υἱοῦ καὶ τοῦ ἁγίου πνεύματος διδάσκοντες αὐτοὺς τηρεῖν πάντα ὅσα ἐνετειλάμην ὑμῖν· καὶἰδοὺ ἐγὼ μεθ᾽ ὑμῶν εἰμι πάσας τὰς ἡμέρας ἕως τῆς συντελείας τοῦ αἰῶνος."

「영어 성경」 "Therefore go and make disciples of all nations baptizing them in the name of the Father and of the Son and of the Holy Spirit and teaching them to obey everything I have commanded you. And surely I am with you always, to the very end of the age."

마태가 기록한 이 말씀을 성경학자들은 예수님의 마지막 지상명령이라 한다. 예수님의 마지막 지상명령이라는 말은 그만큼 예수님의 가르침과 명령 중에 가장 중요함을 일컫는다.

헬라어 원어 성경을 번역하면 "그 아버지, 곧 그 아들, 곧 그 거룩한 성령의 이름(고유명사)으로 침례를 주라"이다.

그런데 한글 성경에는 "아버지와 아들과 성령의 이름으로 침례를 주고" 라고 번역되어 있기 때문에 아버지와 아들과 성령이 각기 다른 인격체로 존재하는 것처럼 해석하는 경향이 있는데 성경적이지 않다.

헬라어 성경의 "τοῦ πατρὸς(아버지) καὶ τοῦ υἱοῦ(아들) καὶ τοῦ ἁγίου πνεύματος(성령)", 헬라어 성경에 나오는 '카이(καὶ)'는 한글로 '와, 과, 곧'으로 해석할 수 있다.

그러므로 마태복음 28장 19-20절의 말씀을 헬라 원어의 의미를 살려 번역하면 "그러므로 너희는 가서 모든 민족을 제자로 삼아 그 아버지, 곧 그 아들, 곧 그 성령의 이름으로 침례를 주고 내가 너희에게 분부한 모든 것을 가르쳐 지키게 하라 볼지어다 내가 세상 끝 날까지 너희와 항상 함께 있으리라 하시니라"가 되므로 아버지, 아들, 성령은 같은 한 분, 유일신이신 것이다.

그리고 마태는 기록하기를 침례를 행할 때는 반드시 고유명사 이름(in the name)으로 침례를 주라고 명령하셨다고 했다.

성경에 예수 믿고 죄를 회개한 사람에게 주는 침례(세례)는 구원의 표라고 하였다. 침례(세례)는 기독교에서 매우 중요하게 여기는 성례전(聖禮典, sacrament)이다.

"물은 예수 그리스도께서 부활하심으로 말미암아 이제 너희를 구원하는 표(表, ἀντίτυπον, symbolize)니 곧 침례라 이는 육체의 더러운 것을 제하여 버림이 아니요 하나님을 향한 선한 양심의 간구니라" (벧전 3:21)

마태는 침례는 반드시 아버지와 아들과 성령의 이름(고유명사)으로 침례(세례)를 주라는 것이다. 침례는 구원의 표이므로 침례를 행하는 사람이 침례를 받는 사람에게 반드시 아버지와 아들과 성령의 이름(고유명사)으로 침례(세례)를 주어야 한다.

그러므로 본서에서는 '아버지와 아들과 성령의 이름'이 무엇인지 밝히고자 한다.

일반적으로 천주교나 개신교 기독교에서는 '아버지와 아들과 성령'을 '성부와 성자와 성신(성령)'으로 바꾸어 호칭하는데 '성부와 성자와 성신(성령)'은 절대로 고유명사 이름(name)이 아니고, 아버지와 아들과 성령을 높여 부르는 호칭에 지나지 않는다.

성경에 '성부', '성자', '성신'이라는 용어는 등장하지 않는다.

성부, 성자, 성신이란, A.D.325년 니케아 종교회의 이후 천주교에서 아버지는 성부(聖父)로, 아들은 성자(聖子)로, 성령은 성신(聖神)으로, 성스러울 성(聖, saint)자를 붙여 부르기 시작한 것이 천주교와 기독교의 전통이 되어 대부분의 교회에서 사용하고 있다.

그래서 천주교에서는 예수님의 열두 제자들을 호칭할 때도 베드로를 성 베드로, 요한을 성 요한, 바울을 성 바울이라 하며, 교황도 성(聖)자를 붙여 부르고 심지어 가톨릭 신앙을 위해 순교한 사람들도 이름 앞에 성(聖)자를 붙여 부른다.

물론 성경에서도 예수 믿는 사람들을 성(聖)자를 붙여 성도(聖徒)라 부르기는 한다.

"땅에 있는 성도(聖徒)들은 존귀한 자들이니 나의 모든 즐거움이 그들에게 있도다." (시 16:3)

"그의 경건한 자들(saints, 聖徒)의 죽음은 여호와께서 보시기에 귀중한 것이로다." (시 116:15)

"로마에서 하나님의 사랑하심을 받고 성도(聖徒)로 부르심을 받은 모든 자에게 하나님 우리 아버지와 주 예수 그리스도로부터 은혜와 평강이 있기를 원하노라" (롬 1:7)

"이 비밀은 만세와 만대로부터 옴으로 감추어졌던 것인데 이제는 그의 성도(聖徒)들에게 나타났고" (골 1:26)

"성도(聖徒)들의 인내가 여기 있나니 그들은 하나님의 계명과 예수에 대한 믿음을 지키는 자니라" (계 14:12)

그러나 그리스도인들이 반드시 알아야 할 것은 성부, 성자, 성신은 고유명사 이름이 아니라는 것이다. 마태복음에는 아버지와 아들과 성령의 고유명사 이름으로 침례를 주라고 되어 있다. 그러므로 침례는 반드시 아버지와 아들과 성령의 이름(고유명사)으로 행해야 한다.

그러면 아버지와 아들과 성령의 이름(고유명사)이 무엇인지 성경 말씀을 바탕으로 밝혀보려 한다.

## 1. 아버지의 이름은 무엇인가?

구약 성경의 율법을 통해 유대인들은 수천 년 동안 창조주 하나님을 믿었지만 감히 창조주 하나님을 '아버지'라 부르지 못했다.

물론 구약 성경에서 몇몇 선지자들은 창조주 하나님을 아버지로 기록하기는 했다. 하지만 아브라함 이후의 유대인들은 감히 창조주 하나님을 아버지라 부르지 못했다. 물론 아브라함 이전 시대에도 인류는 창조주 하나님을 아버지라 부르지 못했다.

구약 성경에서 창조주 하나님을 아버지로 호칭한 선지자를 찾아보자.

"주는 우리 아버지시라 아브라함은 우리를 모르고 이스라엘은 우리를 인정하지 아니할지라도 여호와여, 주는 우리의 아버지시라 옛날부터 주의 이름을 우리의 구속자라 하셨거늘" (사 63:16)

"그러나 여호와여, 이제 주는 우리 아버지시니이다 우리는 진흙이요 주는 토기장이시니 우리는 다 주의 손으로 지으신 것이니이다" (사 64:8)

"우리는 한 아버지를 가지지 아니하였느냐 한 하나님께서 지으신 바가 아니냐 어찌하여 우리 각 사람이 자기 형제에게 거짓을 행하여 우리 조상들의 언약을 욕되게 하느냐?" (말 2:10)

구약 성경에 선지자가 하나님을 아버지로 표기한 것은 하나님께서 창조주로서 아버지가 되심을 가리킨 것이다.

그런 측면에서 교회 시대에 그리스도인들이 창조주 하나님을 아버지라 부르게 된 것은 창조주 하나님의 크신 특권과 은총과 은혜이며 축복이다.

필자가 저술한 「하늘 문을 여는 아홉 단계의 주기도문」 책자를 참고하면 창조주 하나님께서 어떻게 우리 아버지가 되시는지 자세히 풀어놓았다. 성경에 최초로 창조주 하나님을 아버지라 가르치신 분은 예수님이시다.

침례 요한의 제자 중에 예수님의 제자가 된 제자가 있었다.

"또 이튿날 요한(침례 요한)이 자기 제자 중 두 사람과 함께 섰다가 예수께서 거니심을 보고 말하되 보라 하나님의 어린 양이로다 두 제자가 그의 말을 듣고 예수를 따르거늘" (요 1:35-37)

"요한의 말을 듣고 예수를 따르는 두 사람 중의 하나는 시몬 베드로의 형제 안드레라" (요 1:40)

침례 요한의 제자였던 두 사람 중에 하나는 안드레였고, 다른 한 사람은 사도 요한이었을 것으로 보는 견해가 많다. 이 제자 중 하나가 어느 날 예수님에게 "요한(침례 요한)이 자기 제자들에게 기도를 가르친 것과 같이 우리에게도 가르쳐 주옵소서"(눅 11:1)라고 요청하였다. 그 때 예수님께서 제자들에게 기도하는 법, 즉 주기도문을 가르쳐 주시면서 "그러므로 너희는 이렇게 기도하라 하늘에 계신 우리 아버지여 이름이 거룩히 여김을 받으시오며"(마 6:9)라고 하셨다. 예수님께서 제자들에게 주기도문을 가르치시면서 창조주 하나님을 '아버지'라 부르라고 가르치신 것에 대해 제자들은 상당히 당황했을 것이다.

지금까지 유대인들은 단 한 번도 창조주 하나님께서 우리의 아버지가 되신다고 생각하지도 않았지만 감히 하나님을 아버지라 부른 적이 없었는데, 제자들은 예수님께서 창조주 하나님을 아버지라 부르라는 것에 대해 이해하지 못했을 것이다.

유대인들이 창조주 하나님과 동일시하는 예수를 죽이려 했던 가장 큰 이유 중에 하나도 육신의 몸을 입은 나사렛 청년 예수가 유대인들이 섬기는 야훼 하나님을 감히 아버지라 하니, 인간의 몸을 입은 사람이 영(靈)으로 존재해 계시는 전능하신 하나님을 아버지라 부르는 것은 자신이 하나님과 동등하다는 것을 말하는 것이므로 신성 모독에 해당한다 하여 죽이려 했던 것이다.

"예수께서 그들에게 이르시되 내 아버지께서 이제까지 일하시니 나도 일한다 하시매 유대인들이 이로 말미암아 더욱 예수를 죽이고자 하니 이는 안식일을 범할 뿐만 아니라 하나님을 자기의 친아버지라 하여 자기를 하나님과 동등으로 삼으심이러라" (요 5:17-18)

"이에 그들이 묻되 네 아버지가 어디 있느냐 예수께서 대답하시되 너희는 나를 알지 못하고 내 아버지도 알지 못하는도다 나를 알았더라면 내 아버지도 알았으리라" (요 8:19)

"나와 아버지는 하나이니라 하신대" (요 10:30)

요한복음 8장에서 예수님이 유대인과 논쟁하는 가운데 자신을 하나님 아버지와 동일시하니, 유대인들은 예수님을 향하여 귀신 들렸다고 힐난하고 있다.

"유대인들이 대답하여 이르되 우리가 너를 사마리아 사람이라 또는 귀신이 들렸다 하는 말이 옳지 아니하냐?" (요 8:48)

유대인들이 예수님에게 '사마리아 사람'이라, 또는 '귀신 들렸다'라고 하는 말은 예수님에 대한 최악의 욕이며, 천시하고 업신여기는 말이다.

그래서 예수님은 3년 반의 공생애 사역 기간 동안에 창조주 하나님께서 어떻게 믿는 자의 아버지가 되시는지, 그리고 예수님 자신은 어떻게 창조주 하나님 아버지와 동일한 분이신지 기회 있을 때마다 가르치셨다.

예수님이 자신을 창조주 하나님 아버지와 동일시 하셨을 때, 제일 깨닫지 못하고 믿지 못한 제자가 빌립이었다.

"너희가 나를 알았더라면 내 아버지도 알았으리로다 이제부터는 너희가 그(아버지)를 알았고 또 보았느니라 빌립이 이르되 주여 아버지를 우리에게 보여 주옵소서 그리하면 족하겠나이다 예수께서 이르시대 빌립아 내가 이렇게 오래 너희와 함께 있으되 네가 나를 알지 못하느냐 나를 본 자는 아버지를 보았거늘 어찌하여 아버지를 보이라 하느냐" (요 14:7-9)

육신의 몸을 입고 오신 예수 그리스도께서는 자신을 영(靈)으로 실존해 계시는 창조주 하나님 아버지와 동일시하여 "나를 본 자는 아버지를 본 것이다."라고 하셨다.

"너희가 나(육신의 몸을 입고 사역하시는 예수)를 알았더면 내 아버지도 알았으리로다 이제부터는 너희가 그(창조주 하나님)를 알았고 또 보았느니라" (요 14:7)

"내가 행하거든 나를 믿지 아니할지라도 그 일(사역)은 믿으라 그러면 너희가 아버지께서 내 안에 계시고 내가 아버지 안에 있음을 깨달아 알리라 하시니" (요 10:38)

"내가 아버지 안에 거하고 아버지께서 내 안에 계심을 믿으라 그렇지 못하겠거든 행하는 그 일로 말미암아 나를 믿으라" (요 14:11)

"아버지께서는 모든 충만으로 예수 안에 거하게 하시고" (골 1:19)

"그(예수) 안에는 신성(神性)의 모든 충만이 육체로 거하시고" (골 2:9)

육체를 입으신 예수 그리스도 안에 신성(하나님의 본질, 속성, 성품)의 모든 충만이 내재해 있다는 것은 예수 그리스도와 아버지를 동일시하는 것이다.

이천년 전 육신의 몸을 입고 이 땅에 오신 예수 그리스도께서 영(靈)으로 실존해 계시는 창조주 하나님이시라는 것이다.

유대인들의 입장에서는 육신의 몸을 입고 오신 예수 그리스도를 구약의 아브라함과 모세와 다윗 등 조상들이 섬겼던 야훼 하나님 그분과 동일한 분으로 믿으라는 것은 절대로 수용하고 받아들이기 어려운 가르침이었다.

그래서 유대인들은 창조주 하나님과 동일시하는 예수 그리스도를 신성(야훼하나님)을 모독했다는 이유로 십자가에 못 박아 죽인 것이다.

그러면 마태복음 28장 19절에서 말씀하는 아버지의 이름은 무엇인가?

본서를 읽는 기독교인들 가운데는 '아버지의 이름'이라면 아마 의아해할 사람도 있을 것이다. '아버지의 이름이 뭐야?' 하지만 부활하신 예수님께서 마지막으로 제자들에게 "아버지와 아들과 성령의 이름으로 침례를 주라"고 하신 말씀을 이해하지 못한 제자들은 없었다. 사도행전에 보면, 예수님의 제자들은 모두 아버지와 아들과 성령의 이름(고유명사)이 '예수'인 줄 이해하고, 성례전 침례를 줄 때, 모두 '예수' 이름으로 침례를 주었다(행 2:38, 8:16, 10:48, 19:5).

마태복음에서 말씀하는 아버지의 이름이 무엇인지는 성경에서 찾아보아야 한다.

"나(예수)는 내 아버지의 이름으로 왔으매 너희가 영접하지 아니하나 만일 다른 사람이 자기 이름으로 오면 영접하리라" (요 5:43)

예수님께서는 "나는 내 아버지의 이름(예수)으로 왔다."라고 말씀하셨다.

그러므로 이 말씀을 해석하면, '예수'의 이름은 본래 아버지의 이름이고, 아버지와 예수님은 동일 인물이라는 것이다. 그래서 예수님은 "나와 아버지는 하나이니라"(요 10:30)라고 말씀하신 것이다.

"세상 중에서 내게 주신 사람들에게 내가 아버지의 이름을 나타내었나이다 그들은 아버지의 것이었는데 내게 주셨으며 그들은

아버지의 말씀을 지키었나이다" (요 17:6)

"내가 아버지의 이름을 그들에게 알게 하였고 또 알게 하리니 이는 나를 사랑하신 사랑이 그들 안에 있고 나도 그들 안에 있게 하려 함이니이다" (요 17:26)

'예수'라는 이름은 아버지의 이름이고, 창조주 하나님의 이름은 '예수'라는 사실을 깨닫기 바란다. 유대인들로 구성된 예수님의 제자들도 처음에는 '나와 아버지는 하나'라는 예수님의 가르침을 전혀 이해하지 못했지만, 나중에는 모두 깨닫고, 이해하고, 믿었다.

## 2. 아들의 이름은 무엇인가?

'아들, 아지, 아리, 가지'가 무슨 말인지 이해하겠는가? 이 말들은 모두 같은 의미이다.

'아들'이란, 아버지의 속성이나 성품을 유전 받아 태어난 사람이다. '아지'는 소의 속성을 갖고 태어난 새끼를 가리킬 때 송아지라 한다. 말의 새끼는 망아지라 한다. '아리'는 닭의 속성을 갖고 태어난 새끼를 가리켜 병아리라 한다. '가지'는 나무의 원줄기에서 뻗어 나온 작은 줄기를 가리켜 나뭇가지라 한다. 그러므로 '아들, 아지, 아리, 가지'는 같은 속성, 성품, 성격, 유전을 이어받은 후손을 가리킨다.

그런 의미에서 하나님의 아들은 하나님 아버지의 본질, 속성, 성품, 성격, 정체성을 갖고 있음을 알 수 있다.

성경에서 하나님 아버지는 근원적으로 먼저 존재하시는 분이시고, 하나님 아들은 하나님 아버지의 본질, 속성, 성품을 이어받은 상속자임을 가리키는 말이다.

성경은 이천년 전에 이 땅에 육신의 몸을 입고 오신 예수 그리스도를 '하나님의 아들'로 표현하였다. 예수 그리스도를 하나님의 아들로 표현한 것은 그분도 창조주 하나님의 본질, 하나님의 속성, 하나님의 성품, 하나님의 능력을 가지신 분이라는 것이다.

"천사가 이르되 마리아여 무서워하지 말라 네가 하나님께 은혜를 입었느니라 보라 네가 잉태하여 아들을 낳으리니 그 이름을 예수라 하라 그가 큰 자가 되고 지극히 높으신 이의 아들이라 일컬어질 것이요 주 하나님께서 그 조상 다윗의 왕위를 그에게 주시리니 영원히 야곱의 집을 왕으로 다스리실 것이며 그 나라가 무궁하리라" (눅 1:30-33)

"아들을 낳으리니 이름을 예수라 하라 이는 그가 자기 백성을 그들의 죄에서 구원할 자이심이라 하니라" (마 1:21)

"때가 차매 하나님이 그 아들을 보내사 여자에게서 나게 하시고 율법 아래에 나게 하신 것은" (갈 4:4)

"하나님이 그 아들을 세상에 보내신 것은 세상을 심판하려 하심이 아니요 그로 말미암아 세상이 구원을 받게 하려 하심이라" (요 3:17)

성경에서 예수 그리스도는 하나님 아들의 직분을 수행하시기 위해 이 세상에 육신의 몸을 입고 오셨음을 증거하고 있다.

"하나님께서 어느 때에 천사 중 누구에게 너는 내 아들이라 오늘 내가 너를 낳았다 하셨으며 또 다시 나는 그에게 아버지가 되고 그는 내게 아들이 되리라 하셨느냐" (히 1:5)

천사(天使)들은 육신의 몸을 입은 인간들보다 훨씬 월등하지만, 창조주 하나님께서는 그 어떤 천사에게도 '너는 내 아들이라 내가 오늘 너를 낳았다'라고 지명하여 가리킨 적이 없으시다는 것이다.

오직 예수 그리스도에게만 '오늘 내가 너를 낳았다. 너는 내 아들이다'라고 증언하셨다는 것이다. 그러므로 이천년 전에 육신의 몸을 입고 이 땅에 오신 예수 그리스도는 하나님의 아들이라는 명분을 갖고 오신 것이다. 그분이 신성(神性)으로는 창조주 하나님 아버지의 본체로서 위대하신 하나님의 이름인 예수의 이름을 가지셨고, 인성(人性)으로는 육신의 몸을 입은 연약한 인간 예수의 이름을 가지신 하나님의 아들이라는 것이다.

그러므로 예수님께서 제자들에게 마지막으로 "아버지와 아들과 성령의 이름(고유명사)으로 침례를 주라"라는 명령을 주셨을 때, 예수님의 제자들은 아버지와 아들과 성령의 이름이 '예수'인 줄 바로 깨달았다는 것이다. 교회 시대 그리스도인들도 성경을 읽고 연구하면 아버지, 아들, 성령의 이름이 '예수'라는 것을 쉽게 인식할 수 있다.

"아들을 낳으리니 이름을 예수(Ἰησοῦς, 이에수스)라 하라 이는 그가 자기 백성을 그들의 죄에서 구원할 자이심이라 하니라" (마 1:21)

"보라 네가 잉태하여 아들을 낳으리니 그 이름을 예수라 하라" (눅 1:31)

성경에 아들의 이름이 '예수'라고 기록되어 있기 때문에 성경을 읽고 배우는 사람들은 누구나 쉽게 인지할 수 있다. 그러나 많은 사람들은 '예수'라는 이름이 아버지의 이름이기도 하고, 아들의 이름이기도 하다는 것은 인지하지 못한다. 예수님께서 제자들에게 가르치실 때 '나와 아버지는 하나'라고 동일시하면서 '나는 아버지의 이름으로 왔고, 내가 아버지의 이름을 나타내었고, 나를 본 자는 아버지를 보았다'라고 하시면서 예수의 이름은 아버지의 이름이면서 아들의 이름이기도 하다는 것을 가르치셨는데, 예수님의 이 가르침은 감춰진 비밀이라는 것이다.

그러므로 그리스도인들은 성경 속에 감춰지고 숨겨진 예수 그 이름의 비밀을 성령의 조명을 받아 깨닫고 위대하고 존엄하신 『예수』 이름에 찬양과 영광을 돌리기 바란다.

육신의 몸을 입고 이 땅에 하나님의 아들로서 아들의 직무를 수행하러 오셨던 예수 그리스도는 영(靈)으로 실존해 계시는 창조주 하나님의 본체(本體)이시다. 그분이 직접 이 땅에 육신의 몸을 입고 강생하신 것이다.

"이 비밀은 만세와 만대로부터 감추어졌던 것인데 이제는 그의 성도들에게 나타났고 하나님이 그들로 하여금 이 비밀의 영광이 이방인 가운데 얼마나 풍성한지를 알게 하려 하심이라 이 비밀은 너희 안에 계신 그리스도시니 곧 영광의 소망이니라" (골 1:26-27)

"이는 그들로 마음에 위안을 받고 사랑 안에서 연합하여 확실한 이해의 모든 풍성함과 하나님의 비밀인 그리스도를 깨닫게 하려 함이니" (골 2:2)

"그(예수)는 근본 하나님의 본체(本體)시나 하나님과 동등됨을 취할 것으로 여기지 아니하시고 오히려 자기를 비워 종의 형체를 가지사 사람들과 같이 되셨고 사람의 모양으로 나타나사 자기를 낮추시고 죽기까지 복종하셨으니 곧 십자가에 죽으심이라 이러므로 하나님이 그(예수)를 지극히 높여 모든 이름 위에 뛰어난 이름을 주사 하늘에 있는 자들과 땅에 있는 자들과 땅 아래 있는 자들로 모든 무릎을 예수의 이름에 꿇게 하시고 모든 입으로 예수 그리스도를 주라 시인하여 하나님 아버지께 영광을 돌리게 하셨느니라" (빌 2:6-11)

"모든 통치와 권세와 능력과 주권과 이 세상뿐 아니라 오는 세상에 일컫는 모든 이름 위에 뛰어나게 하시고" (엡 1:21)

'예수($\mathrm{I\eta\sigma o\tilde{\upsilon}\varsigma}$, 이에수스)', 그 이름은 마지막 시대에 완전하게 계시된 전능하신 창조주 하나님 아버지의 이름이며, 동시에 인류의 죄를 사하고, 구속하고, 구원하는 아들의 직무를 수행하러 오신 아들의 이름이기도 하다. 그러므로 아버지와 아들은 다른 분이 아니고, 동일한 같은 분인 줄 깨닫기 바란다.

예수님께서 아들의 직무를 수행하러 오신다는 것은 창세전에 이미 계획하신 것이다.

"그(예수)는 창세전부터 미리 알린바 되신 이나 이 말세에 너희를 위하여 나타내신바 되었으니" (벧전 1:20)

"그러므로 주께서 친히 징조를 너희에게 주실 것이라 보라 처녀가 잉태하여 아들을 낳을 것이요 그의 이름을 임마누엘이라 하리라" (사 7:14)

"이는 한 아기가 우리에게 났고 한 아들을 우리에게 주신 바 되었는데 그의 어깨에는 정사를 메었고 그의 이름은 기묘자라, 모사라, 전능하신 하나님이라, 영존하시는 아버지라, 평강의 왕이라 할

것임이라" (사 9:6)

이사야 선지자의 예언대로 창조주 하나님께서 이천년 전에 가브리엘 천사장을 처녀 마리아에게 보내 성령으로 잉태되어 오시겠다고 예고하셨고, 아기 예수로 탄생하셔서 아들의 직무를 수행하신 것이다.

"여섯째 달에 천사 가브리엘이 하나님의 보내심을 받아 갈릴리 나사렛이란 동네에 가서 다윗의 자손 요셉이라 하는 사람과 약혼한 처녀에게 이르니 그 처녀의 이름은 마리아라 그에게 들어가 이르되 은혜를 받은 자여 평안할지어다 주께서 너와 함께 하시도다 하니 처녀가 그 말을 듣고 놀라 이런 인사가 어찌함인가 생각하매 천사가 이르되 마리아여 무서워하지 말라 네가 하나님께 은혜를 입었느니라 보라 네가 잉태하여 아들을 낳으리니 그 이름을 예수라 하라 저가 큰 자가 되고 지극히 높으신 이의 아들이라 일컬어질 것이요 주 하나님께서 그 조상 다윗의 왕위를 그에게 주시리니 영원히 야곱의 집을 왕으로 다스리실 것이며 그 나라가 무궁하리라 마리아가 천사에게 말하되 나는 남자를 알지 못하니 어찌 이 일이 있으리이까 천사가 대답하여 이르되 성령이 네게 임하시고 지극히 높으신 이의 능력이 너를 덮으시리니 이러므로 나실 바 거룩한 이는 하나님의 아들이라 일컬어지리라" (눅 1:26-35)

예수님께서 육신의 몸을 입고 아들의 직무를 수행하러 오신 가장 큰 이유는 인류의 죄를 사하시고 구속하시고 구원하시러 오신 것이다.

인류의 죄를 사하시고 구속하시고 구원하시기 위해서는 반드시 인류의 죄 값을 치러야 하는데, 그 죄 값을 치르기 위해서는 전혀 죄가 없으신 무죄(無罪)하신 창조주 하나님께서 육신의 몸을 입고 이 땅에 오셔서 피 흘려 죽으셔야 했던 것이다. 죄 없으신 하나님께서 친히 육신의 몸을 입고 이 땅에 오셔서 십자가에 피 흘려 죽으심으로 인류의 죄를 사하시고 구속하시고 구원하는 길을 열어 놓으신 것이다.

"이것은 죄 사함을 얻게 하려고 많은 사람을 위하여 흘리는 바 나의 피 곧 언약의 피니라" (마 26:28)

"그 길은 우리를 위하여 휘장 가운데로 열어 놓으신 새로운 살길이요 휘장은 곧 그의 육체니라" (히 10:20)

이처럼 예수님은 이천년 전에 육신의 몸을 입고 이 땅에 오셔서 육신을 찢으시고 피를 흘려 인류를 구원할 새로운 살길을 열어 주셨다. 그것이 아들의 직무 수행이었다. 그러므로 아들의 직무 수행의 최고봉은 십자가에 피 흘려 죽으시는 것이었다.

"또 내가 보니 보라 어린양이 시온 산에 섰고 그와 함께 십사만 사천이 서 있는데 그들의 이마에는 어린양의 이름과 그 아버지의 이름을 쓴 것이 있더라" (계 14:1)

어린양과 아버지는 두 분이 아니고, 같은 분으로, 같은 이름 '예수'이신 것을 깨닫기 바란다.

### 3. 성령의 이름은 무엇인가?

그렇다면 성령의 이름은 무엇인가?

헬라어 원어 성경에는 성령(聖靈)이 '프뉴마(πνεύμα)'로 기록되어 있다.

히브리어 '(루아흐)'와 헬라어 '프뉴마(πνεύμα)'는 동일한 의미로 '바람, 영, 성령, 영혼, 기운, 생기, 정신', 심지어는 '귀신'이라는 뜻도 있다.

헬라어 원어 성경의 '프뉴마(πνεύμα)'를 우리 한글 성경에서 '성령'으로 의역한 것이다. 성경에서 '성령(Holy Spirit)'은 보이지 않으시는 창조주 하나님 자신으로 하나님에 대한 또 다른 호칭이다.

"하나님은 영이시니" (요 4:24)

우리 한글 성경에는 '영(靈)'으로 해석되어 있는데, 헬라어 원어 성경에는 '프뉴마(πνεύμα)'로 기록 되어 있다. 성령은 활동하시는 하나님의 영(靈, Holy Spirit)으로 신약에서만 역사하신 것이 아니라, 구약에서도 영(靈)으로 역사하셨다.

하나님은 영(靈)이시라는 말씀은,

① 인간의 눈에는 보이지 않는 존재라는 의미이다.

② 능력이 많은 전지전능하신 신(神)이라는 의미이다.

③ 편재(遍在)하셔서 시간과 공간을 초월해 존재하시는 분이라는 의미이다.

구약에 나오는 하나님의 영은 신약의 성령(聖靈)과 동일한 분이라는 것을 알아야 한다.

"땅이 혼돈하고 공허하며 흑암이 깊음 위에 있고 하나님의 영(엘로힘 루아흐)은 수면에 운행하시니라" (창 1:2)

여기서 엘로힘 루아흐는 하나님의 영으로 성령과 같은 분이다.

"그 후에 내가 내 영(聖靈)을 만민에게 부어 주리니 너희 자녀들이 장래 일을 말할 것이며 너희 늙은이는 꿈을 꾸며 너희 젊은이는 이상을 볼 것이며 그때에 내가 또 내 영(聖靈)으로 남종과 여종에게 부어 줄 것이며" (욜 2:28-29)

구약의 요엘 선지자도 말세에 하나님께서 하나님의 영(聖靈)을 만민에게 부어주실 것을 예언하고 있다.

오순절 날 마가의 다락방에서 성령을 받은 베드로는 당시 성령을 받고 방언(方言)을 말하는 사람들을 보고 의아하게 생각하는 유대인들에게 구약 성경에서 요엘 선지자가 예언한 말씀을 인용하여 설교하였다.

"이는 곧 선지자 요엘을 통하여 말씀하신 것이니 일렀으되 하나님이 말씀하시기를 말세에 내가 내 영(πνεύμα)을 모든 육체에 부어 주리니 너희의 자녀들은 예언할 것이요 너희의 젊은이들은 환상을 보고 너희의 늙은이들은 꿈을 꾸리라 그때에 내가 내 영(πνεύμα)을 내 남종과 여종들에게 부어 주리니 그들이 예언할 것이요" (행 2:16-18)

그럼 성경에서 가르치는 성령의 이름은 무엇인가?

"보혜사 곧 아버지께서 내 이름(예수)으로 보내실 성령 그가 너희에게 모든 것을 가르치고 내가 너희에게 말한 모든 것을 생각나게 하리라" (요 14:26)

예수님께서 '성령(보혜사)을 아버지께서 내 이름(예수)으로 보내실 것이다'라고 말씀하신 것을 볼 때 성령의 이름 또한 예수라는 것을 알 수 있다.

그러므로 성령은 이름(고유명사)이 아니고, 하나님의 또 다른 호칭으로 하나님의 사역을 위해 예수의 이름으로 이 세상에 오셨다는 것이다.

"내가 아버지께로부터 너희에게 보낼 보혜사(παράκλητος) 곧 아버지께로부터 나오시는 진리의 성령이 오실 때에 그가 나를 증언하실 것이요" (요 15:26)

그러므로 성령이 오시면 예수님을 증언하신다는 것이다.

하나님의 본체(本體)는 영(靈)이시기 때문에 성경에 하나님은 영이시라는 것이다. 영(靈)으로 존재해 계시는 창조주 하나님께서 이천 년 전에 육신의 몸을 입고 이 땅에 오셔서 33년 동안 계시다가 십자가에서 죽으시고, 장사된 지 3일 만에 부활하시고 40일 동안이 땅에 계시다가 승천하셔서 다시 이 땅의 사람들과 함께하시기위해 성령으로 다시 오셨다는 것이다.

사도 요한은 성령을 보혜사(παράκλητος)라고 하였다. 보혜사란 '곁에서 돕기 위해 부름 받은 자'라는 뜻이다.

"내가 아버지께 구하겠으니 그가 또 다른 보혜사를 너희에게 주사 영원토록 너희와 함께 있게 하리니" (요 14:16)

"내가 떠나가는 것이 너희에게 유익이라 내가 떠나가지 아니하면 보혜사가 너희에게로 오시지 아니할 것이요" (요 16:7)

사실 성령은 보혜사(παράκλητος)로 성도들을 진리 가운데로 인도하고, 인간의 연약함을 도우며, 구원이 완성되기까지 돕는 역할을 한다.

"이와 같이 성령도 우리의 연약함을 도우시나니 우리가 마땅히 기도할 바를 알지 못하나 오직 성령이 말할 수 없는 탄식으로 우리를 위하여 친히 간구하시느니라 마음을 살피시는 이가 성령의 생각을 아시나니 이는 성령이 하나님의 뜻대로 성도를 위하여 간구하심이니라" (롬 8:26-27)

"나의 자녀들아 내가 이것을 너희에게 씀은 너희로 죄를 범하지 않게 하려 함이라 만일 누가 죄를 범하여도 아버지 앞에서 우리에게 대언자(παράκλητον, advocate)가 있으니 곧 의로우신 예수 그리스도시라" (요일 2:1)

신약 성경에서 말씀하는 성령의 사역, 성령의 역할(사역)은 곁에서 돕는 보혜사 즉 '파라클레토스(παράκλητος)'라고 한다.

본래 헬라어 '파라클레토스(παράκλητος)'란, '곁에서 돕기 위해 부름 받은 자'라는 뜻의 법정 용어이다. 피고를 위하여 재판관에게 탄원하는 변호자, 법률 고문을 가리키는 용어로, '구원자, 돕는 자, 변호자, 대언자, 위로자, 상담자, 변론자'라는 뜻이 있다.

파라클레토스(παράκλητος)를 영어 성경 NIV에서는 상담자(Counselor)라고 번역했고, KJV에서는 위로자(Comforter)라고 번역했다.

그러므로 사도행전의 오순절 마가의 다락방에서 기도하던 120명에게 임한 성령은 하나님의 영(Holy Spirit)이시고, 하나님의 영은 신성(神性)으로 예수님과 함께 계시다가 예수님께서 승천하실 때 다시 오신다고 약속하신 그 약속에 따라 성령으로 다시 오셔서 교회 시대에 성도들 곁에서 돕는 보혜사 파라클레토스(παράκλητος)로 함께 하신다는 것이다.

그러므로 마태복음 28장 19절, "아버지와 아들과 성령의 이름으로 침례를 베풀고"에서의 '성부, 성자, 성령'은 이름(고유명사)이 아니고, 하나님에 대한 별도의 호칭이다. 여기서 말씀하는 이름(name)은 오직 한 분 전능하신 창조주 하나님의 이름인 '예수(Ἰησοῦς, 이에수스)'이다.

그러므로 죄 사함 받기 위한 침례를 베풀 때는 반드시 '예수' 이름으로 침례를 주어야 한다는 것을 깨달아야 한다.

## 결론

마태복음 28장 19절 말씀에 대해 교회사 이천년 동안 수많은 믿는 사람들이 오해하고 잘못 해석한 부분이 있었다.

아버지와 아들과 성령의 이름(고유명사)으로 침례를 베풀라는 말씀은 성부와 성자와 성신(성령)의 호칭으로 침례(세례)를 주라는 말씀이 아니다. 성부와 성자와 성신(성령)은 절대로 고유명사 이름이 아니고, 하나님을 지칭하는 호칭인 것이다. 또 이 말씀을 영어 성경으로 보면, '이름으로(in the name)'라고 단수로 되어 있지, '이름들로(in the names)'라고 복수로 되어 있지 않다.

그러므로 그리스도인들이 하나님을 호칭할 때, 아버지 하나님, 아들 하나님, 성령 하나님, 이렇게 호칭하는 것은 비성경적이니 주의해야 한다. 왜냐하면 아버지 하나님, 아들 하나님, 성령 하나님으로 호칭하는 것은 하나님이 세 분으로 나눠져 다신론적인 성격이 다분하다 할 수 있다.

따라서 성경적으로 올바른 창조주 하나님에 대한 호칭으로는 하나님 아버지, 하나님 아들, 하나님 성령이 바람직하다고 생각한다. 이 호칭은 아버지, 아들, 성령을 한 분의 하나님으로 호칭하는 것이 되기 때문이다.

이 호칭에 대한 설명은 앞서 밝힌 내용을 깊이 있게 읽어보면 이해가 될 것이다. 그럼에도 불구하고 창조주 하나님을 세 분의 위격(位格)으로 존재한다고 믿는 것은 유일신(唯一神) 한 분의 하나님을 믿는 것이 아니다.

"이스라엘아 들으라 우리 하나님 여호와는 오직 유일한 여호와이시니" (신6:4)

"예수께서 대답하시되 첫째는 이것이니 이스라엘아 들으라 주 곧 우리 하나님은 유일(唯一)한 주시라" (막 12:29)

"네가 하나님은 한 분이신 줄을 믿느냐 잘하는도다 귀신들도 믿고 떠느니라" (약 2:19)

그러므로 마태복음 28장 19절의 '아버지와 아들과 성령의 이름'은 한글로는 '예수', 헬라어로는 '이에수스(Ἰησοῦς,)', 히브리어로는 '예슈아', 영어로는 '지저스(Jesus)', 중국어로는 '耶穌,예-쑤'이다.

『예수』그 이름은 위대하고 존엄하신 창조주 하나님의 이름이시다.

# 침례 요한의 출생 배경과 사명
## (눅 1:5-23, 57-66)

# 제9강

# 침례 요한의 출생 배경과 사명 (눅 1:5-23. 57-66)

   마태복음과 누가복음에 예수님께서 "여자가 낳은 자 중에 침례 요한보다 큰 자가 없도다."(마 11:11, 눅 7:28)라고 말씀하셨다고 기록하고 있다.

   예수님은 왜 여자가 낳은 자 중에 침례 요한보다 큰 자가 없다. 라고 하셨을까? 이 땅에 태어나는 모든 사람들은 어머니라는 여자를 통해 태어나 어떤 사람은 왕이 되기도 하고, 대통령이 되기도 하고, 장군이 되기도 하고, 국회의원이 되기도 하고, 사업가가 되기도 하고, 선생이 되는 사람도 있고, 판사, 검사, 변호사가 되는 사람도 있고, 연예인이 되는 사람도 있고, 운동선수가 되는 사람도 있고, 장사꾼이 되는 사람도 있고, 도적과 사기꾼이 되는 사람도 있고, 그저 평범하게 살다가 가는 사람도 있고, 죽지 못해 살아가는 사람들도 있고, 또 그중에는 천지와 만물의 주인이신 예수 그리스도를 믿는 사람들도 있고, 특별히 하나님의 부름을 받아 목사로 선교사로 살아가는 사람들도 있다.

   예수님께서 말씀하신 '여자가 낳은 자 중에 침례 요한보다 큰 자

가 없다'라는 의미가 무엇일까? 필자는 달란트, 사명(使命)의 크기
가 아닐까 생각한다.

침례 요한은 어쩌다 우연히 어쩔 수 없이 세상에 태어난 것이 아
니라, 인류의 구원자 메시야의 길을 여는(open) 분명한 사명과 목
적을 갖고 태어난 사람이기에, 여자가 낳은 자 중에 침례 요한보다
큰 자가 없다. 라고 말씀하신 것이 아닐까 생각한다.

성경에 보면, 이 땅에 태어나는 사람들은 모두 다 하나님의 계획
과 섭리에 따라 목적과 사명을 가지고 이 땅에 태어난다.

미국 새들백교회의 릭 워렌(Rick Warren) 목사가 쓴 「목적이
이끄는 삶」이라는 책을 읽어보면, 이 땅에 태어나는 사람들은 모
두 다 하나님의 계획과 의미와 목적과 사명을 가지고 태어난다는
것이다.

그래서 하나님께서는 사람을 이 땅에 보내실 때 단 한 사람도 얼
굴 모양이 똑같은 사람이 없게 하셨다. 인종이 다르고, 피부색이
다르고, 키가 다르고, 얼굴 모양이 다르고, 언어와 억양과 성격과
달란트가 다 다르게 태어나게 하셨다. 심지어 같은 날 태어난 쌍둥
이도 생김새만 비슷하지, 자세히 보면 확연히 다르다.

그러므로 오늘 우리는 이 땅에 사는 날 동안 나를 향한 창조주
하나님의 계획과 목적과 사명이 무엇인지 깨닫고, 하나님의 계획
과 목적과 사명을 따라 살아가야 한다.

우리는 어쩌다 우연히 할 수 없이 이 세상에 태어난 사람들이 절
대 아니다. 어떤 나라에, 어떤 부모 아래, 어떤 가정과 어떤 환경과
어떤 형편과 어떤 모습을 가지고 태어났든지, 우리는 창조주 하나

님의 분명한 목적과 계획과 섭리에 따라 사명을 가지고 태어났기 때문에 절대로 자신의 생김새나 운명이나 삶의 환경을 비관하거나 탓하거나 절망해서는 안 된다.

'나는 왜 이렇게 못생겼어! 나는 왜 이렇게 장애아로 태어났어! 나는 왜 이렇게 가난한 집에 태어났어! 나는 왜 이렇게 다른 사람하고 달라! 나는 왜 이렇게 제대로 되는 것이 없어!'라고 불평과 원망을 할 필요가 전혀 없다.

이 세상에 태어나는 모든 사람은 어쩌다 우연히 태어난 것이 아니라, 창세전에 창조주 하나님의 택정하신 계획에 따라 이 세상에 할 일이 있어서, 목적이 있어서, 사명이 있어서, 달란트를 주셔서, 하나님께서 우리를 이 땅에 보내셨다는 것을 믿기 바란다. 창조주 하나님께서 우리 모두를 향한 놀라운 계획과 목적과 비전을 갖고 계신다는 것을 믿고 깨닫고 찾아야 한다.

성경에 보면, 예레미야나, 다윗, 바울, 같은 사람들도 자신이 이 땅에 태어난 것은 자신이 태어나기 전에 창조주 하나님께서 이미 택정하신 것이라고 의미를 부여하고 있다.

"여호와의 말씀이 내게 임하니라 이르시되 내가 너를 모태에 짓기 전에 너를 알았고 네가 배에서 나오기 전에 너를 성별하였고 너를 여러 나라의 선지자로 세웠노라 하시기로" (렘 1:4-5)

"섬들아 내게 들으라 먼 곳 백성들아 귀를 기울이라 여호와께서 태에서부터 나를 부르셨고 내 어머니의 복중에서부터 내 이름을 기억하셨으며" (사 49:1)

"그러나 내 어머니의 태로부터 나를 택정하시고 은혜로 나를 부

르신 이가" (갈 1:15)

우리는 예레미야나 다윗 바울처럼 위대하신 창조주 하나님께서 이미 어머니 뱃속에서부터 나를 택하시고 부르셨다는 것을 믿어야 한다. 그래야 긍정적이며, 적극적이며, 창조적이며, 열정을 가진 믿음의 사람이 된다.

살아가면서 나는 목적이 있어서, 할 일이 있어서, 사명이 있어서, 태어났다고 긍정적으로 생각하는 사람들은 모든 일을 긍정적으로 기쁨으로 하게 되니 다 잘될 수밖에 없다.

그러나 반대로 태어난 목적을 모르고 삶을 부정적으로 생각하는 사람들은 부정적인 사람이 되어 하는 일도 부정적이니 잘될 수가 없다. 살아가면서 태어난 목적이나 사명을 깨닫는 사람도 있지만 삶의 목적이나 사명을 깨닫지 못한 채 세상을 살다가 떠나는 사람들도 많다.

여러분은 어쩌다 우연히 이 세상에 태어난 것이 아니라, 창세전에 하나님의 예지하신 예정에 따라 이 세상에 할 일이 있어서 목적이 있어서 사명이 있어서 하나님께서 우리를 이 땅에 보내셨다는 것을 확실히 믿기를 바란다.

헬라어 원어 성경에 하나님으로부터 보내심 받는 것을 "아포스텔로(ἀποστλλω)"라 하는데, 아포스텔로(ἀποστλλω)"란 무언가 임무를 띠고 특별한 사명을 가지고 보냄을 받는다는 말이다. 여러분도 하나님의 특별한 임무를 띠고 보내심 받았다는 것을 믿기 바란다.

성경에도 이 땅에 태어난 사람들이 어떤 사람은 왕으로, 선지자로, 제사장으로, 복음 전하는 전도자로, 여러 분야에서 여러 모양으로 살다가 간 것을 기록하고 있다.

그런 의미에서 침례 요한은 이천년 전에 인류의 구원자 메시야의 길을 여는 분명한 목적과 사명을 갖고 태어난 사람이었기에 예수님은 여자가 낳은 자 중에 침례 요한 보다 큰 자가 없다. 라고 한 것이다. 침례 요한의 사명은 그만큼 막중했다. 그럼 침례 요한에 대하여 분석해 보자.

## 1. 침례 요한의 출생 배경

침례 요한이 태어나기 약 700여 년 전 이사야 선지자는 메시야의 길을 예비하기 위해 '외치는 자의 소리'로 태어나는 선지자가 있을 것을 예언하였다.

"외치는 자의 소리여 이르되 너희는 광야에서 여호와의 길을 예비하라 사막에서 우리 하나님의 대로를 평탄하게 하라" (사 40:3)

이사야 선지자가 예언한 '외치는 자의 소리'는 바로 침례 요한의 탄생을 예고한 것이다. 그런가 하면 구약 성경의 마지막에 있는 말라기의 예언 또한 침례 요한의 탄생을 예고했다.

"만군의 여호와가 이르노라 보라 내가 내 사자(침례 요한)를 보내리니 그가 내 앞에서 길을 준비할 것이요, 또 너희가 구하는 바 주가 갑자기 그의 성전에 임하시리니 곧 너희가 사모하는 바 언약의 사자가 임하실 것이라" (말 3:1)

"보라 여호와의 크고 두려운 날이 이르기 전에 내가 선지자 엘리

야를 너희에게 보내리니" (말 4:5)

말라기 선지자는 메시야께서 나타나기 전에 메시아의 길을 예비하기 위해 엘리야의 심령으로 올 자가 있다는 것이다. 말라기 선지자가 예언한 엘리야가 바로 침례 요한이다.

누가복음에서는 침례 요한의 출생 배경을 상세히 기록하고 있다 (눅 1:5-23, 57-66).

침례 요한의 아버지 사가랴는 제사장이었고, 어머니 이름은 엘리사벳이었다. 사가랴와 엘리사벳은 모두 아론의 후손으로 제사장 가문의 후손이기도하다. 사가랴와 엘리사벳은 하나님 앞에 의인(義人)으로 주의 계명과 율례에 흠이 없을 정도로 거룩하고 신실하게 살아온 부부였다.

그런데 이 신실한 가정에 문제가 하나 있었다. 사가랴와 엘리사벳이 결혼하고 오랜 세월이 흘렀지만 아기를 낳지 못해 이제는 나이가 많아 결국 아기 낳는 것을 포기한 상태였다.

그런데 어느 날 사가랴가 제사장의 순번에 따라 예루살렘 성전에 들어가 하나님 앞에 분향(焚香)하는데 갑자기 주(主)의 천사(天使)가 나타나 사가랴에게 너의 간구함이 하나님께 들렸다며, "네 아내 엘리사벳이 네게 아들을 낳아 주리니 그 이름을 요한이라 하라 너도 기뻐하고 즐거워할 것이요 많은 사람도 그의 태어남을 기뻐하리니"(눅 1:13-14)라고 하였다.

그리고 태어날 침례 요한은 주(主) 앞에 큰 자가 될 것이고, 나실인이 될 것이며, 무엇보다도 엘리야의 심령(心靈)과 능력으로 많은 사람을 하나님께 돌아오게 할 것이라고 하였다. 사가랴에게 이 좋은 소식을 전한 천사는 자신의 이름을 "가브리엘"이라고 밝혔다. 침례 요한은 가브리엘 천사장이 와서 전한 대로 그 이듬해에 태어났다.

"하나님께로부터 보내심을 받은 사람이 있으니 그의 이름은 요한이라" (요1:6)

이처럼 침례 요한은 어쩌다 우연히 할 수 없이 태어난 것이 아니라, 하나님의 특별한 계획과 목적과 섭리로 보내심을 받아 이 땅에 태어났다는 것을 말씀하고 있다.

헬라어 원어 성경의 "아포스텔로(ἀποστλλω)"가 하나님으로부터 보내심을 받았다는 의미인 것처럼 침례 요한은 이 땅에 무언가 임무를 띠고, 특별한 사명을 가지고 하나님으로부터 보내심을 받았다는 것이다. 이처럼 침례 요한은 이사야 선지자와 말라기 선지자의 예언대로 철저하게 하나님의 계획과 목적과 섭리에 따라 출생하였다.

성경에서 선지자의 역할은 매우 중요하여, 때로는 하나님의 위로와 축복의 말씀을 전하기도 하고, 우상숭배와 죄 가운데 있는 사람들에게는 하나님의 무서운 책망과 심판을 경고하며, 회개의 메시지를 선포하기도 하였다.

그래서 유대인들은 한편으로는 선지자를 좋아하기도 하고, 다른 한편으로는 선지자를 싫어하기도 하였다. 사람들은 보통 듣기 좋은 말은 좋아한다. 그러나 듣기에 거북하고 마음에 찔리는 충고나 책망의 말은 듣기 싫어한다. 그러나 충고와 책망의 말이 때로는 나에게 이득이 되고, 약이 되고, 축복이 되기도 한다는 것을 기억해야 한다. 백성들이 잘못했을 때 충고하고 지적해주는 선지자가 없다면 그 나라는 불행한 나라이다.

그런 의미에서 말라기 선지자 이후 400년 동안 하나님의 보내심을 받은 선지자가 나타나지 않았다는 것은 이스라엘 백성들이나 국가적으로 큰 불행이었다. 이스라엘 백성들은 400년 동안이나 하나님의 관심밖에 있었던 것이다. 하나님의 관심 밖에 있다는 것은 불행한 일이다. 그런데 이제 말라기 선지자 이후 400년이 지나서 하나님의 보내심을 받아 나타난 선지자가 있었으니, 그 사람이 바로 '침례 요한'이었다.

## 2. 복음서 기자들이 증언한 침례 요한

### ① 마태가 전한 침례 요한

"그때에 침례 요한이 이르러 유대 광야에서 전파하여 가로되 회개하라 천국이 가까이 왔느니라 하였으니 그는 선지자 이사야를 통하여 말씀하신 자라 일렀으되 광야에 외치는 자의 소리가 있어 이르되 너희는 주의 길을 준비하라 그가 오실 길을 곧게 하라 하였느니라" (마 3:1-3)

마태는 침례 요한이 유대 광야에서 유대인들에게 '천국이 가까이 왔으니 회개하라'라는 회개의 메시지를 선포할 때, 자신의 죄를 뉘우치고 회개한 유대인들에게 요단강에서 침례를 주었다고 전하였다.

② 마가가 전한 침례 요한

"선지자 이사야의 글에 보라 내가 내 사자를 네 앞에 보내노니 저가 네 길을 준비하리라 광야에 외치는 자의 소리가 있어 이르되 너희는 주의 길을 준비하라 그의 오실 길을 곧게 하라 기록된 것과 같이 침례 요한이 광야에 이르러 죄 사함을 받게 하는 회개의 침례를 전파하니" (막 1:2-4)

마가도 복음서를 기록하면서 서두에 침례 요한은 이사야 선지자가 예언한(사 40:3) '외치는 자의 소리'라고 전했다.

③ 누가가 전한 침례 요한

"요한(침례 요한)이 요단 강 부근 각처에 와서 죄 사함을 받게 하는 회개의 침례를 전파하니" (눅 3:3)

침례 요한이 유대인들에게 죄를 회개하라 전파할 때 죄를 회개한 유대인들이 요단강에 침례를 받으러 오자, 침례 요한은 침례만 베푼 것이 아니라, 죄 가운데 살고 있는 유대인들에게 죄에 대해 무서울 정도로 책망의 말씀을 선포하기도 하였다는 것이다.

"요한이 침례 받으러 나아오는 무리에게 이르되 독사의 자식들아 누가 너희에게 일러 장차 올 진노를 피하라 하더냐" (눅 3:7)

그래서 유대인들은 침례 요한의 사역을 보면서 혹시 말라기 선지자가 예언한 메시야가 아닐까 생각하기도 하였다.

"백성들이 바라고 기다리므로 모든 사람들이 요한(침례 요한)을 혹 그리스도신가 심중에 생각하니" (눅 3:15)

침례 요한에 대해 혹시 메시야가 아닌가 생각하는 유대인들에게 침례 요한은 자신은 메시야가 아니라고 확실하게 가르쳐주었다.

"요한이 모든 사람에게 대답하여 이르되 나는 물로 너희에게 침례를 베풀거니와 나보다 능력이 많으신 이(그리스도)가 오시나니 나는 그의 신발 끈을 풀기도 감당하지 못하겠노라 그(그리스도)는 성령과 불로 너희에게 침례를 베푸실 것이요" (눅 3:16)

"율법과 선지자는 요한(침례 요한)의 때까지요 그 후부터는 하나님 나라의 복음이 전파되어 사람마다 그리로 침입하느니라" (눅 16:16)

누가복음에서 예수님은 율법과 선지자는 침례 요한의 때까지라고 말씀하셨다. 침례 요한 이후는 하나님 나라의 복음이 전파되어 사람마다 그 복음으로 말미암아 구원을 받게 될 것이라고 말씀하셨다.

④ 사도 요한이 전한 침례 요한

침례 요한이 요단강에서 회개의 침례를 베풀 때 유대인들이 제사장과 레위인들을 침례 요한에게 보내어 네가 누구냐? 고 따져 묻자 침례 요한이 자기는 그리스도가 아니라고 대답한 것은 유대인들이 메시야를 기다리는 줄 잘 알고 있었기 때문에 자신은 기름 부음 받은 그리스도(메시야)가 아니라고 말한 것이다.(요 1:19-28).

그럼에도 불구하고 유대인들이 침례 요한에게 관심을 가진 것은 말라기의 "보라 여호와의 크고 두려운 날이 이르기 전에 내가 선지자 엘리야를 너희에게 보내리니"(말 4:5)라는 예언을 기억하고 있었기 때문이다. 그래서 침례 요한에게 "그러면 네가 엘리야냐?"

라고 다시 물은 것이다.

여기서 침례 요한이 큰 실수를 했다. 침례 요한은 유대인들에게 자기는 선지자 엘리야는 아니어도 말라기 선지자가 예언한 엘리야의 심령(心靈)과 사명(使命)을 가지고 메시야의 오심을 예비하기 위해 온 선지자라고 밝혔어야 했다. 침례 요한은 자신이 엘리야의 심령(심정)으로 온 것을 밝히지 않았다.

말라기 선지자가 예언한 엘리야의 심령(심정)을 가지고 온 선지자가 침례 요한 자신인 것을 밝혔더라면 유대인들은 이제 곧 메시야가 나타날 것을 기대하고 메시야를 기다렸을 것이다.

유대인들은 침례 요한이 엘리야가 아니라고 하니까? 또 "그럼 네가 그 선지자냐?"라고 재차 물은 것은 침례 요한에게 네가 메시야 앞에 오는 말라기 선지자가 예언한 그 선지자냐?"라고 물은 것인데, 침례 요한은 여전히 아니라고 대답하였다.

유대인들이 침례 요한에게 또다시 "너는 네게 대하여 무엇이라 하느냐?"라고 물었을 때 침례 요한이 "나는 선지자 이사야의 말과 같이 주의 길을 곧게 하라고 광야에서 외치는 자의 소리로라"(요 1:23) 라고만 자신을 설명하였다.

침례 요한은 이사야 선지자의 예언(사 40:3)만 인용하고, 말라기 선지자의 예언(말 3:1,4:5)은 인용하지 않았다. 사실 침례 요한이 말라기 선지자의 예언도 인용하여 대답했다면 상황은 많이 달라졌을 것이다.

그러자 유대인들은 침례 요한에게 "네가 만일 그리스도도 아니요, 엘리야도 아니요, 그 선지자도 아닐진대 어찌하여 침례를 베푸느냐"(요 1:25)라고 따져 물었다.

침례 요한이 대답하기를 "나는 물로 침례를 베풀거니와 너희 가운데 너희가 알지 못하는 한 사람이 섰으니 곧 내 뒤에 오시는 그(그리스도)라 나는 그의 신발 끈을 풀기도 감당하지 못하겠노라"(요 1:26-27)라고 하였다.

침례 요한은 분명히 자기 뒤에 유대인들이 그렇게 오랫동안 기다리던 메시야가 오실 줄을 알고 있었다.

침례 요한이 자기 뒤에 그리스도 메시야가 오실 줄 알았던 것은 침례 요한의 어머니와 예수님의 육신의 모친 마리아가 인척지간이었기 때문이다. 두 여인은 6개월 차이로 임신하였는데, 침례 요한의 어머니가 침례 요한을 잉태하게 된 사연을 마리아도 이야기를 들어 잘 알고 있었을 것이고, 침례 요한의 어머니 엘리사벳도 처녀 마리아가 임신하게 된 사연을 이야기를 들어 잘 알고 있었기에 침례 요한은 자라면서 어머니 엘리사벳을 통해 마리아와 요셉의 아들로 태어나신 예수에 관한 많은 이야기를 들어서 잘 알고 있었을 것이다.

그런데 침례 요한은 장성해서 예수님께서 메시야이신 것에 대한 믿음의 확신은 없었다. 왜냐하면 예수님이 요단강에서 침례를 받기 전까지는 약 30여 년 동안 예수님의 존재는 그렇게 유대인들 사이에 많이 알려지지 않았기 때문이다.

어떻게 보면 예수님보다 침례 요한이 유대인들 사이에 더 인기와 관심의 대상이었다. 뿐만 아니라 침례 요한은 예수님보다 먼저 사역을 시작하였기 때문에 침례 요한을 따르는 제자들이 많았다.

그럼에도 어느 날 침례 요한이 예수님께서 자기에게 나아오심을 보고, "보라 세상 죄를 지고 가는 하나님의 어린 양이로다"(요 1:29)라고 한 것은 침례 요한이 무엇인가 예수님에 대하여 남다른 느낌이나 확신이 있었기에 한 말일 것이다.

그러면서 침례 요한은 자신이 물 침례를 주는 이유를 설명하였다.

"내가 와서 물로 침례를 베푸는 것은 그(그리스도)를 이스라엘에게 나타내려 함이라" (요 1:31)

그리고 중요한 설명을 덧붙인다.

"나도 그(HE.메시야)를 알지 못하였으나 나를 보내어 물로 침례를 베풀라 하신 그(HE.하나님)이가 나에게 말씀하시되 성령이 내려서 누구 위에든지 머무는 것을 보거든 그(HE)가 곧 성령으로 침례를 베푸는 이인 줄 알라 하셨기에 내가 보고 그(HE.예수)가 하나님의 아들이심을 증언하노라" (요 1:33-34)

필자가 영어 대문자로 'HE'라고 쓴 것은 그(HE)분이 인류의 구원자 메시야 그리스도라는 의미이다.

침례 요한은 예수님께서 요단강에서 침례를 받고 물 위로 올라오실 때 성령(聖靈)이 비둘기같이 하늘에서 내려오자 그분에게 '그리스도 메시야'라고 하지 않고 『하나님의 아들』이라고 증언했다. 침례 요한이 예수님을 향해 '하나님의 아들'이라 증언한 것은 굉장히 중요한 의미가 포함되어 있음을 깨달아야 한다.

유대인의 사상이나 관점으로 『하나님의 아들』이라고 말하는 것은 그분이 곧 창조주 하나님으로 동일시하는 것을 밝히는 것이다.

침례 요한이 예수님을 향해 『하나님의 아들』이라고 한 것은 예수님께서 하나님의 본질, 하나님의 속성, 하나님의 성품, 하나님의 능력을 가지신 분이라는 것을 의미하는 것이다.

그러면 침례 요한이 요단강에서 유대인들에게 침례를 베푼 이유는 무엇인가?

첫째로, 창조주 하나님께서 침례 요한에게 침례를 베풀라고 하신 것은 '메시야'가 누구인지 침례 요한에게 표적(表迹)을 보여주시기 위해서였다.

침례를 베풀 때 머리 위에 '성령이 비둘기같이 하늘로부터 내리는' 그 사람이 바로 그리스도(메시야)인 줄 알라고 하셨기에 유대인들에게 침례를 베풀기 시작했다는 것이다.

둘째로, 메시야가 나타나기에 앞서 유대인들이 죄를 회개했다는 증표로 유대인들에게 회개의 침례를 베풀게 하셨다는 것이다.

유대인들로 하여금 죄를 회개하게 하는 것은 이사야서의 말씀(사 40:3)과 같이 메시야가 나타나기에 앞서 메시야를 받아들일 준비인 하나님의 대로를 평탄하게 하는 일이라 할 수 있다.

셋째로, 침례를 통해 하나님께서 계획하신 하나님의 의(義, δικαιοσύνη)를 이루게 한다는 것이다(마 3:15). 침례 요한은 예수님께서 어떤 분이신줄 알고 있었기에 처음에는 예수님께 침례를 베풀 수 없다고 사양하였다.

그러자 예수님은 침례 요한에게 "이제 허락하라 우리가 이와 같이 하여 모든 의(義)를 이루는 것이 합당하니라"라고 하며, 침례를 베풀게 하였다.

사실 요한의 침례는 죄를 회개한 유대인들이 받는 회개의 침례

였기 때문에 예수님은 침례를 받으실 필요가 없었지만, 예수님은 침례를 통해 하나님의 의를 이루기 위해 침례를 베풀라고 하신 것이다.

침례를 통해 의(義)를 이룬다는 예수님의 말씀은 많은 의미를 함축하고 있다.

"오직 바리새인과 율법 교사들은 그(침례 요한)의 침례를 받지 아니함으로 그들 자신을 위한 하나님의 뜻을 저버리니라" (눅 7:30)

그럼 예수님께서 침례를 받으신 이유는,

첫째로, 침례를 통해, 예수님께서 그리스도(메시야)이심을 드러내시려는 뜻이 있었다.

둘째로, 침례를 통해, 비로소 예수님의 공생애 사역이 시작되었음을 알리시려는 뜻이 있었다.

셋째로, 침례를 통해, 이제는 누구든지 교회 시대에 죄 사함을 받기 위해서는 예수님의 이름으로 침례를 받아야 한다는 본을 보인 것이다.

창조주 하나님께서는 요단강에서 침례 요한을 통해 예수님에게 침례를 베풀 때 예수님이 메시야라는 두 가지 증표(證票)를 보여 주셨다.

첫째는, 예수님의 머리 위에 성령(聖靈)이 비둘기같이 내려와 머무는 것을 보게 하셨다는 것이다.

둘째는, 하늘로부터 소리(음성)가 들려왔다는 것이다.

"나도 그를 알지 못하였으나 나를 보내어 물로 침례를 베풀라 하신 그이가 나에게 말씀하시되 성령이 내려서 누구 위에든지 머무는 것을 보거든 그가 곧 성령으로 침례를 베푸는 이인 줄 알라 하셨기에 내가 보고 그가 하나님의 아들이심을 증언하였노라"(요 1:33-34)

"예수께서 침례를 받으시고 곧 물에서 올라오실새 하늘이 열리고 하나님의 성령이 비둘기같이 내려 자기 위에 임하심을 보시더니 하늘로부터 소리가 있어 말씀하시되 이는 내 사랑하는 아들이요 내 기뻐하는 자라 하시니라"(마 3:16-17)

"그때에 예수께서 갈릴리 나사렛으로부터 와서 요단강에서 요한에게 침례를 받으시고 곧 물에서 올라오실새 하늘이 갈라짐과 성령이 비둘기같이 자기에게 내려오심을 보시더니 하늘로부터 소리가 나기를 너는 내 사랑하는 아들이라 내가 너를 기뻐하노라 하시니라"(막 1:9-11)

"백성이 다 침례를 받을 새 예수도 침례를 받으시고 기도하실 때에 하늘이 열리며 성령이 비둘기 같은 형체로 그의 위에 강림하시더니 하늘로부터 소리가 나기를 너는 내 사랑하는 아들이라 내가 너를 기뻐하노라 하시니라"(눅 3:21-22)

4복음서에서는 모두 예수님께서 요단강에서 침례 받으실 때 두 가지 현상이 나타났다고 기록하였다. 첫째는, 성령이 비둘기같이 내려왔다는 것이고, 둘째는, 이는 내 사랑하는 아들이요, 내 기뻐하는 자라는 소리(음성)가 하늘로부터 들렸다는 것이다.

성령이 하늘에서 비둘기같이 내려온 것과 하늘로부터 '이는 내 사랑하는 아들'이라는 소리가 난 것은 침례 요한에게 예수님께서 구약의 오리라 예언된 '메시야'이심을 확신시켜 주기 위한 증표(

證票)였다.

### 3. 침례 요한은 오리라 예언된 엘리야

"만군의 여호와가 이르노라 보라 내가 '내 사자(使者)를 보내리
니' 그가 내 앞에서 길을 준비할 것이요 또 너희가 구하는 바 주가
갑자기 그의 성전에 임하시리니 곧 너희가 사모하는 바 언약의 사
자가 임하실 것이라"(말 3:1)

"보라 여호와의 크고 두려운 날이 이르기 전에 내가 선지자 엘리
야를 너희에게 보내리니 그가 아버지의 마음을 자녀에게로 돌이
키게 하고 자녀들의 마음을 그들의 아버지에게로 돌이키게 하리
라 돌이키지 아니하면 두렵건대 내가 와서 저주로 그 땅을 칠까 하
노라 하시니라"(말 4:5-6)

말라기 선지자는 메시야께서 임하시기 전에 메시야의 길을 예
비하기 위하여 엘리야의 심령을 갖고 오는 선지자가 있다고 예언
했는데, 4복음서 저자들은 그 선지자가 바로 침례 요한이라는 것
이다.

"만일 너희가 즐겨 받을진대 오리라 한 엘리야가 곧 이 사람이
니라"(마 11:14)

마태는 말라기 선지자가 오리라고 예언한 엘리야가 바로 침례
요한이라고 밝혔다. 예수님께서도 제자들에게 말라기의 예언을
해석해 주시면서 오리라 예언된 엘리야가 바로 침례 요한이라고
말씀하셨다.

"제자들이 물어 이르되 그러면 어찌하여 서기관들이 엘리야가 먼저 와야 하리라 하나이까 예수께서 대답하여 이르시되 엘리야가 과연 먼저 와서 모든 일을 회복하리라 내가 너희에게 말하노니 엘리야가 이미 왔으되 사람들이 알지 못하고 임의로 대우하였도다 인자도 이와 같이 그들에게 고난을 받으리라 하시니 그제야 제자들이 예수께서 말씀하신 것이 침례 요한인 줄을 깨달으니라" (마 17:10-13)

그런데 유대인들은 말라기 선지자의 예언을 문자 그대로 해석하여 구약의 엘리야 선지자가 다시 나타날 것으로 생각한 것이다.

말라기 선지자의 예언에는 두 가지 예언이 함께 숨겨져 있다.

하나는, 메시야이신 예수님의 초림(初臨) 때 이사야 선지자가 예언한 것처럼 '외치는 자의 소리'로 여호와의 길을 예비하러 침례 요한이 올 것을 예언한 것이고, 다른 하나는 재림(再臨)의 주(主)로 예수님께서 다시 오시기 전 예수님 앞서 엘리야 선지자가 두 증인 중 하나로 임할 것(계 11:3)을 예언한 것이다.

그러므로 성경을 올바로 해석하기 위해서는 그 말씀 속에 감춰지고 숨겨진 하나님의 뜻과 계획을 영적으로 잘 살펴야 한다.

사도 요한에 의하면, 침례 요한이 이 땅에 온 사명은,

첫째로, 빛에 대하여 증언하러 왔다는 것이다.

"그가 증언하러 왔으니 곧 빛에 대하여 증언하고" (요 1:7)

이 빛이 누구냐? 바로 예수 그리스도라고 사도 요한은 말씀하고 있다. 예수 그리스도는 '세상에 와서 각 사람에게 비추는 빛'(요 1:9)이시며, 침례 요한은 '이 빛에 대하여 증언하러 온 자'(요 1:8)라고 사도 요한이 기록하고 있다.

그러므로 이천년 전에 침례 요한은 예수께서 이 땅에 빛으로 오셨다는 것을 증언해야 할 사명이 있었던 것이다.

침례 요한이 이 땅에 온 분명한 목적과 사명이 있었듯이 오늘 우리 그리스도인들도 어쩌다 이 세상에 태어난 것이 아니라, 이 땅에 온 분명한 사명이 있으니 목적의식을 가지고 살아가야 한다.

둘째로, 침례 요한은 자기의 증언으로 예수께서 메시야이심을 드러나게 하여 모든 사람들이 예수님을 믿도록 해야 할 사명이 있었다.

오늘날 우리 그리스도인들도 전도를 통해 예수께서 그리스도이심을 알려야 할 사명이 있다.

당시 유대인들은 구약 성경에 예언된 메시야를 기다리고는 있었지만, 사실 누가 메시야인지 분별할 수도 없었고, 또한 메시야가 어떤 모습으로 어떻게 나타날 것인지에 대해서도 잘 알지 못하고 있었다.

그래서 하나님께서는 어떤 방법으로든지 이 세상에 자신의 뜻을 나타내시기 위하여 구약의 각 시대마다 선지자들을 보내셨고, 또한 하나님의 보내심을 받은 선지자들은 사력(死力)을 다해 메시야가 어떤 모습으로 오실 것인지에 대해 계속 예언하였다. 그중에서도 이사야 선지자는 이사야서 53장에서 메시야의 모습을 잘 설명하고 있다. 이사야서 53장을 꼭 뜻을 새기며 읽어보기를 추천한다.

## 4. 침례 요한의 물 침례를 통해 나타내신 메시야

　당시 수많은 유대인들이 침례 요한의 설교를 듣고 회개하였으며 회개한 것에 대한 증표(證票)로 요단강에 나와서 침례 요한으로부터 물 침례를 받았다.

　그런데 당시 수많은 유대인들에게 물 침례를 베풀었던 침례 요한은 그 물 침례를 통한 하나님의 깊은 섭리와 뜻이 있었던 것을 잘 알지 못했다.

　예수님께서 침례 요한에게 요단강에서 물 침례를 받으신 것은 육신의 몸을 입고 오신 예수님이 구약 성경에 오리라고 이미 예언된 메시야이신 것을 드러내시기 위함이었다.

　그러므로 침례 요한의 물 침례는 예수 그리스도를 메시야로 드러내기 위한 하나님의 계획이었지, 예수께서 죄가 있으셔서 요단강에서 침례 요한에게 물 침례를 받으신 것은 절대로 아니라는 것이다.

　침례 요한은 "나도 그(메시야)를 알지 못하였으나 내가 와서 물로 침례를 주는 것은 그를 이스라엘에 나타내려 함이라"(요 1:31)라고 고백하고 있다. 또 "나도 그(메시야)를 알지 못하였으나 나를 보내어 물로 침례를 베풀라 하신 그이가 나에게 말씀하시되 성령이 내려서 누구 위에든지 머무는 것을 보거든 그가 곧 성령으로 침례를 베푸는 이인 줄 알라 하셨기에"(요 1:33)라고 하였다.

　사실 침례 요한 자신도 성령의 형체가 어떠한 것인지 본 적도 없고 알지도 못하였지만 예수께서 물 침례를 받으시고 물에서 올라오시는 순간에 하늘에서 성령이 비둘기 같은 형체로 예수님의 머리 위에 내려와 머무는 것을 보았다는 것이다.

그동안 침례 요한은 수많은 유대인들에게 침례를 베풀었지만 이런 이상한 현상(표적)이 나타난 것은 예수님이 처음이었다. 침례 요한은 예수님에게 나타난 이 이상한 현상을 통해 예수님께서 오리라 예언된 메시야이신 것을 깨닫게 되었을 것이다.

그런데 당시 유대인들이 기다리는 메시야는 영적으로 죄를 사하시고 인류를 구원하시는 메시야가 아니라, 이스라엘을 이방 민족들의 압제로부터 구원하고, 이스라엘을 세상 가운데 우뚝 세울 권능을 가지고 오시는 정치적인 왕(王) 메시야를 기다리고 있었다. 그런데 침례 요한은 예수님에 대해 '그는 성령으로 침례를 베푸는 이'라고 선포하였던 것이다. 그래서 침례 요한의 메시지는 많은 유대인들로부터 공감을 얻지 못하고 인기를 얻지 못했다.

사실 침례 요한의 이 선포는 유대인들에게 일대 변혁을 일으킨 선포였다. 침례 요한의 설교는 지금까지 유대인들이 고대하던 메시야 사상과는 일치하지 않는 정반대의 내용이었다. 왜냐하면 유대인들은 성령에 관해 거의 들어 본 적도 없었고, 또한 성령에 대해 관심도 없었다. 오직 권세 있고 능력 있는 왕(王) 정치적인 메시야가 오셔서 이스라엘 국가를 세계 가운데 우뚝 세울 정치적인 메시야만을 기다리고 있었기 때문이다.

그러나 침례 요한은 유대인들이 지금 당장은 성령에 대해 관심을 갖고 있지 않지만 훗날 사람들이 예수님을 통해 주시는 성령으로 말미암아 새 생명을 얻게 되고 하나님 나라가 이 땅에 임하게 될 것을 알게 될 것이라고 생각한 것이다.

사실 침례 요한이 요단강에서 예수님에 대해 첫 증언을 한 후 약 3년 반이 지나 오순절 마가의 다락방에서부터 놀라운 성령의 역사가 일어나기 시작했고(행 2:1), 지난 교회사 이천년을 통해 수많은 사람들의 생명을 살리고 하나님의 나라가 확장되는 성령의 역사가 있었음을 우리는 알고 있다.

## 5. 예수께서 메시야라고 생명을 내걸고 증언한 침례 요한

당시 침례 요한의 예수님에 대한 증언은 생명을 내건 선포였다. 왜냐하면 예수님께서 이 땅에 오신 후로 30년 동안 거의 자신을 드러내지 않고 계시다가 비로소 요단강에서 침례 요한에게 침례를 받으시고 침례 요한을 통해 공식적으로 자신이 메시야이심을 드러내셨기 때문이다.

그런데 여기서 필자가 왜 침례 요한의 증언이 생명을 내건 선포였다고 하는가 하면 당시 그 누구도 예수를 메시야라고 생각하지 않았고 알지도 못하고 있는 상황에서 제일 먼저 예수를 메시야라고 선포한 것은 믿음의 큰 담력과 확신과 용기가 없었다면 절대로 할 수 있는 일이 아니었기 때문이다.

예수를 메시야라고 제일 먼저 선포하는 것도 쉽지 않았겠지만 그분을 메시야라고 제일 먼저 믿는 것은 더욱더 쉬운 일이 아니었을 것이다. 어느 시대를 막론하고 진리를 제일 먼저 깨닫고 선포하는 것은 결코 쉬운 일이 아니기 때문이다.

16세기에 마틴 루터를 위시한 종교 개혁가들이 구교(가톨릭교회)로부터 개혁(개신교)하여 나오기는 결코 쉬운 일이 아니었다. 갈릴레오가 지구는 둥글다고 선언한 것이 결코 쉬운 일이 아니었던 것과 마찬가지이다.

침례 요한은 당시 자신만 알고 있던 메시야 분별 법에 대해 그 누구와도 상의하지 않고, 알리지도 않고 있었다. 그러다가 요단강에서 예수님에게 물 침례를 베풀 때 예수님께 나타난 현상을 보고 예수님께서 메시야이심을 확인했을 때, 혼자서 얼마나 놀랍고, 감격스러워 했을까? 또 한편으로는 기쁘면서도 얼마나 두려웠을까?

사실 침례 요한은 예수께서 자기와 육신적으로는 인척 관계에 있었기 때문에 자신의 모친을 통해 이야기를 들어 어느 정도 예수님에 대해 알고 있었다. (눅 1:39-56)

그래서 예수님께서 침례 요한에게 침례를 받으러 오셨을 때 침례 요한은 두려워하며 "내가 당신에게서 침례를 받아야 할 터인데, 당신이 내게로 오시나이까"(마 4:14) 하며 처음에는 예수님께 침례 베푸는 것을 사양하였다.

그러나 침례 요한도 이때까지는 예수님께서 메시야이신 것을 확신할 수 없었다. 그런데 예수님께서 물 침례를 받으시고 물에서 올라오실 때 하늘에서 소리가 들리고 성령이 비둘기 같은 형체로 내려오는 것을 보고 비로소 예수님께서 메시야이신 것을 깨닫게 되었을 것이다.

이제 예수님께서 메시야이신 것을 깨닫게 된 침례 요한은 가만히 있을 수가 없었다. 그래서 침례 요한은 예수님께서 메시야라고 처음으로 증언하는 영광을 얻게 된 것이다. 비로소 이사야 40장 3

절의 예언의 말씀이 이루어진 것이다.

침례 요한 당시에도 수많은 유대의 성경학자들이 구약 성경을 읽고 연구하며 가르쳤지만 막상 메시야께서 오셨을 때 모든 유대 종교 지도자들은 영적으로 메시야에 대해 눈과 귀가 가려져 육신의 몸을 입고 오신 예수님께서 메시야인 것을 전혀 깨닫지 못하고 결국은 메시야를 십자가에 못 박아 죽이는 엄청난 잘못을 저지른 것을 우리는 알고 있다.

그러므로 우리가 여기서 깨달아야 할 것은 사람들이 아무리 성경을 많이 읽고 연구하고 배운다 할지라도 진리(眞理)에 대해 영적으로 눈이 가려져 있거나 어둠의 영에 미혹되어 있으면 아무리 성경을 많이 읽고 연구한다고 할지라도 가장 중요한 진리와 구원의 복음의 핵심을 깨닫지 못한다는 것이다.

"그러나 그들의 마음이 완고하여 오늘까지도 구약을 읽을 때에 그 수건이 벗겨지지 아니하고 있으니 그 수건은 그리스도 안에서 없어질 것이라 오늘까지 모세의 글을 읽을 때에 수건이 그 마음을 덮었도다. 그러나 언제든지 주께로 돌아가면 그 수건이 벗겨지리라" (고후 3:14-16)

여기서 말하는 수건은 유대인의 전통(傳統)과 유전(遺傳)을 가리킨다. 성경을 읽을 때 율법의 전통과 유전이라는 수건(베일)에 가려져 있으면 아무리 성경을 많이 읽고 연구해도 베일 때문에 메시야가 누구인지 깨달을 수 없는 것처럼, 오늘날도 아무리 성경을 많이 읽고 배워도 교회의 유전과 전통과 자기 아집과 편향적인 성경 해석의 수건으로 가려져 있으면 참 복음(福音)의 진리는 전혀 깨달을 수 없다.

그러므로 성경을 읽는 사람들은 성경을 읽고, 연구하고, 배울 때 자신의 생각을 가리고 있는 잘못된 가르침의 전통과 유전과 아집의 편향적인 수건이 없는지 살펴보아야 한다.

성경의 진리를 바로 깨달은 사람을 만나면 자신도 쉽게 진리를 깨닫게 된다. 성경에서 침례 요한을 만난 사람들이 예수님께서 메시야이신 것을 쉽게 깨달은 것도 같은 이치이다.

침례 요한이 자기 제자 중 두 사람과 함께 섰다가 예수께서 거니심을 보고 "보라 하나님의 어린 양이로다"(요 1:36) 하니, 두 제자가 침례 요한의 말을 듣고 예수님을 따라갔다.

침례 요한의 말을 듣고 예수님을 따라간 두 사람 중에 하나는 안드레인데 안드레는 베드로의 형제이다. 안드레가 먼저 예수님을 만나고 자기 형제인 베드로에게 메시야 예수를 증언하였다. 또 한 사람은 사도 요한이었을 것으로 추측된다.

이와 같이 메시야를 만나고 깨달은 사람을 만나면 메시야에게 가는 길을 쉽게 안내받을 수 있다. 마찬가지로 구원의 복음도 복음의 진리를 깨달은 사람을 만나면 쉽게 구원의 진리를 깨달을 수 있다.

초대교회 때 사도 베드로나 바울을 만난 사람들이 쉽게 구원의 복음을 깨달을 수 있었던 것도 같은 이치이다.

사도행전 8장에 보면, 이방인인 에디오피아의 내시가 예루살렘에 예배드리러 왔다가 마차를 타고 돌아가면서 두루마리에 기록된 이사야서 53장을 읽고 있었다. 그러나 에디오피아 내시는 자신이 읽고 있는 이사야 선지자의 말씀이 무엇을 말하고 있는지 전혀 깨닫지 못한 채 그냥 읽고만 있었다.

　그때 광야에서 빌립 집사를 만나 자기가 읽고 깨닫지 못하던 내용에 대하여 설명을 듣고 바로 깨달아 회개하게 된다. 에디오피아 내시는 그 메시야가 바로 육신의 몸을 입고 이 땅에 오신 예수 그리스도라는 비밀을 깨닫게 되었고, 그 즉시 복음을 받아들여, 물 있는 곳에 이르자 망설이지 않고 즉시로 물 침례를 받았다는 것이다. (행 8:35-36)

　이와 같이 복음을 듣고 깨닫는 것이 하나님의 은혜요 축복이다. 성경의 복음(福音)은 이천년 전에 육신의 몸을 입고 이 땅에 오신 예수님께서 나를 위해 죽으시고 무덤에 들어가셨다가 부활하신 것을 말한다. 그래서 예수님의 복음을 나에게 복음화(적용)하려면 예수님께서 십자가에서 죽으심과 같이 자신의 죄를 회개하고, 죄를 장사지내기 위해 예수님 이름으로 물 침례를 받으며, 예수님께서 무덤에서 부활하신 것 같이 성령의 침례를 받아야 한다.

　우리가 믿는 전능하신 창조주 하나님 예수 그리스도께서 누구이신지를 깨닫고 여러분의 믿음과 신앙생활 속에 뜨거운 체험이 있기를 바란다.

　우리는 이천년 전에 이 땅에 육신의 몸을 입고 오셨던 아기 예수 그리스도가 인류의 구원자 창조주 하나님이시라고 담대하게 전해야 한다. 침례 요한의 생명을 내건 증언에 의해 예수님께서 메시야라는 것이 비로소 세상에 드러나게 된 것처럼 말이다.

　침례 요한은 예수님께서 이 땅에 육신의 몸을 입고 오신 메시야이신 것을 알고 나자 "그는 흥하여야 하겠고 나는 쇠하여야 하리라"(요 3:30)라고 외쳤다.

"보라 세상 죄를 지고 가는 하나님의 어린 양이로다" (요 1:29)

예수님은 우리의 모든 죄를 짊어지신 하나님의 어린 양이시다. 예수님은 이 천년 전에 이 땅에 육신의 몸을 입고 오셔서 우리의 모든 무거운 죄와 저주와 가난과 질병과 죽음까지도 다 짊어지시고 십자가에서 죽으셨다.

이제 우리의 모든 수고와 무거운 근심, 걱정, 염려와 가난과 저주와 질병, 죄, 죽음까지도 모두 다 예수님께 맡기시기 바란다.

"수고하고 무거운 짐 진 자들아 다 내게로 오라 내가 너희를 쉬게 하리라 나는 마음이 온유하고 겸손하니 나의 멍에를 메고 내게 배우라 그리하면 너희 마음이 쉼을 얻으리니 이는 내 멍에는 쉽고 내 짐은 가벼움이라 하시니라" (마 11:28-30)

"너희는 마음에 근심하지 말라 하나님을 믿으니 또 나를 믿으라 내 아버지 집에 거할 곳이 많다 그렇지 않으면 너희에게 일렀으리라 내가 너희를 위하여 거처를 예비하러 가노니 가서 너희를 위하여 거처를 예비하면 내가 다시 와서 너희를 내게로 영접하여 나 있는 곳에 너희도 있게 하리라" (요 14:1-3)


## 6. 침례 요한의 실수

침례 요한은 자기에게 맡겨진 사명 때문에 죽은 것이 아니라, 엉뚱한 일로 헤롯왕을 책망하다가 헤롯왕으로부터 노여움을 사 죄를 뒤집어쓰고 죽임을 당했다. 그러므로 예수 믿는 그리스도인들도 엉뚱한 일에 화내고 분내고 싸우면 안 된다. 물론 때로 그리스도인들도 사회의 악(惡)을 보면 분개해야 한다. 그러나 그 일 때문에 죽임을 당하면 안 되고, 하나님의 복음을 전하며 사명을 감당하다가 순교를 당해야 하나님께서 기뻐하신다.

침례 요한은 당시 헤롯왕의 가정사에 참견하다가 감옥에 갇혔다.

마태복음 14장에 등장하는 헤롯 안디바는 헤롯 대왕의 둘째 아들로, 헤롯 대왕이 죽은 후 갈릴리와 베뢰아의 분봉 왕 즉 영주가 된 사람이다. 헤롯 안디바가 본 부인을 버리고, 자기 이복형제인 빌립 1세의 아내 헤로디아를 빼앗아 왕비로 삼은 일 때문에 침례 요한이 분개하여 헤롯왕에게 옳지 않은 행위를 했다고 비판하며 책망하다가 헤롯왕과 헤로디아의 노여움을 사 감옥에 갇혔다.

침례 요한은 결국 원한을 품은 왕비 헤로디아의 흉계로 목을 베어 죽이는 참수형을 당하였다. (눅 3:19-20, 막 6:14-29, 마 14:1-12)

유대 역사가 요세푸스에 의하면 침례 요한은 헤롯 안디바 왕을 비난한 일로 약 1년간 감옥살이를 하였다고 한다.

침례 요한이 감옥에 갇혀 있으면서 자기 제자들을 예수님께 보내어 "오실 그(메시야)이가 당신이오니이까 우리가 다른 이(메시야)를 기다리오리이까"(마 11:3) 라고 여쭈어보게 한 것은 엄청나게 큰 실수를 한 것이다.

왜냐하면 침례 요한은 이미 요단강에서 예수님께 침례를 베풀 때 예수께서 누구신지 확인을 했다.(요 1:31-34절), 그럼에도 불구하고 시간이 점차 흐르면서 예수께서 메시야이신 것에 대해 의심을 품기 시작한 것 같다. 그래서 예수께서 진짜 메시야이신지, 아니면 우리가 다른 메시야를 기다려야 하는지 여쭈어보라고 제자들을 예수님께 보낸 것이었다.

물론 침례 요한은 예수님께서 메시야라고 증언한 후에 예수님을 계속 지켜보았을 것이다. 그런데 예수님께서 하시는 사역이 고작 가난한 자들과 병든 자들과 귀신들린 자들을 찾아다니시면서 하시는 사역이, 구약 시대에 유대인들이 대망하던 메시야의 모습은 아니었던 것이다. 그래서 침례 요한도 예수님께서 확실한 메시야인지 의심을 품기 시작하였고, 자기 제자들을 예수님께 보내 '오실 그(메시야)이가' 당신이십니까?'라고 묻게 한 것이다.

구약 시대 유대인들의 메시야 사상에 의하면, 메시야는 정치적으로 막강한 왕권을 갖고 오셔서, 이스라엘 국가를 세상 가운데 우뚝 세워주실 분이라 믿고 기다리고 있었기 때문에 침례 요한 자신도 혼란을 겪었을 것이다.

당시 유대인들뿐 아니라 침례 요한마저도 왕권(王權)을 가지고 오시는 강력한 메시야를 기다리고 있었기 때문에 예수님의 사역을 보고 진짜 메시야가 맞는지 의심할 수밖에 없었을 것이다. 이렇게 보면 침례 요한도 사실 메시야로 오신 예수님의 사역에 대한 이해가 부족했다는 것을 알 수 있다.

유대인들이 예수님께서 메시야이신 것이 맞는지 의심을 하면 침례 요한이 앞장서서 예수님께서 왜 메시야이신지를 이사야서의 53장과 61장 1-3절을 인용하여 그들을 설득하고 설명했어야 했다.

그런데 침례 요한을 비롯한 구약 시대의 유대인들은 강력한 왕권을 갖고 오시는 메시야만을 기다렸기 때문에 섬기고 고난 받고 죽으러 오신 메시야를 받아들일 수가 없었던 것이다.

오늘날에도 영적인 믿음의 눈이 가려진 사람들은 아무리 성경을 많이 읽고, 배우고, 연구하고, 기도해도 예수님께서 어떤 분이신지를 깨닫지 못한다.

침례 요한의 제자들의 질문을 받은 예수님께서는 이렇게 대답하셨다.

"너희가 가서 듣고 보는 것을 요한에게 알리되 맹인이 보며 못 걷는 사람이 걸으며 나병환자가 깨끗함을 받으며 못 듣는 자가 들으며 죽은 자가 살아나며 가난한 자에게 복음이 전파된다 하라 누구든지 나로 말미암아 실족하지 아니하는 자는 복이 있도다" (마 11:4-6)

이때 예수님께서 침례 요한의 제자들에게 하신 대답은 이미 구약 성경에 예언되어 있는 말씀을 하신 것이었다. 너는 유대인의 선지자로서 성경에 예언된 메시야의 역할도 모르느냐며 핀잔을 주신 것이다. 그러면서 '나로 말미암아 실족하지 않는 자는 복이 있다.'라고 말씀하셨다,

이번에는 예수님의 제자들이 예수님께 질문하기를 "그러면 어찌하여 서기관들이 엘리야가 먼저 와야 하리라 하나이까?" (마 17:10, 막 9:11)

그때 예수님께서 대답하여 이르시기를 "엘리야가 과연 먼저 와서 모든 일을 회복(回復)하리라 내가 너희에게 말하노니 엘리야가 이미 왔으되 사람들이 알지 못하고 임의로 대우하였도다 인자(人

子)도 이와 같이 그들에게 고난(苦難)을 받으리라"(마 17:12-13)라고 하셨다. 그제야 제자들은 예수님께서 말씀하신 엘리야가 침례 요한인 줄을 깨달았다는 것이다.

예수님께서는 말라기 3장, 4장에서 말라기 선지자를 통해 오리라 예언된 엘리야가 『침례 요한』이었다는 것을 제자들에게 확신시켜 주셨다.

## 결론

침례 요한이 이 땅에 태어난 사명과 목적은 인류의 구원자 메시야 예수 그리스도를 드러내는 사명이었다. 그래서 침례 요한은 여자가 낳은 자 중에 가장 큰 자라는 것이다.

침례 요한이 예수님께서 누구신지 알지 못했을 때는 예수님에 대해 말하지 않았지만, 그러나 예수님께서 누구신지 깨닫고 난 다음부터는 그분이 '메시야', '세상 죄를 지고 가는 하나님의 어린 양' '하나님의 아들'이라고 생명(生命)을 걸고 선포(宣布)하였다.

우리는 침례 요한의 가르침을 듣고 예수님께서 메시야이신 것을 깨달았다. 그러므로 구원받은 그리스도인들은 이천년 전에 육신의 몸을 입고 이 땅에 오신 예수 그리스도께서 인류의 구원자 메시야이심을 외쳐야 한다.

유대인, 이방인, 모두 예수 그리스도를 통해서만 구원을 받는다. 그리고 예수님만이 우리의 능력이요, 힘이요, 기쁨이요, 소망이요, 비전이요, 전부인 것을 깨닫고 믿기를 축원한다. -아멘-

제10강

복음의 변질
(갈 1:6-10)

# 제10강

# 복음의 변질 (갈 1:6-10)

'말 전하기 게임'을 해보면 처음에 전한 말이 끝에 가서는 전혀 다르게 변하는 것을 볼 수 있다. 처음에 전한 말이 끝에 가서 전혀 다르게 변하는 이유가 무엇일까?

첫째로, 말을 전달해주는 사람의 말을 듣는 사람이 제대로 알아 듣지 못하면 끝에 가서 처음에 전한 말과 다르게 변하게 된다. 그러므로 말을 잘 전달하기 위해서는 말을 잘 듣는 것이 중요하다.

둘째로, 말을 전달할 때 잘 알아 듣지 못한 말에 자기 생각을 보태서 전하면 끝에 가서 말이 완전 달라진다. 말을 잘 전달하기 위해서는 말을 잘 들어야 하고 절대로 자기 생각, 자기 의견을 덧붙이지 말고 들은 그대로를 전달해야 한다. 그래서 성경은 하나님의 말씀에 가감(加減)하지 말라는 것이다.

"내가 너희에게 명하는 말을 너희는 가감하지 말고 내가 너희에게 명하는 너희 하나님 여호와의 명령을 지키라" (신 4:2)

"너는 그 말씀에 더하지 말라 그가 너를 책망하시겠고 너는 거짓말하는 자가 될까 두려우니라" (잠 30:6)

"내가 이 두루마리의 예언의 말씀을 듣는 모든 사람에게 증언하노니 만일 누구든지 이것들 외에 더하면 하나님이 이 두루마리에 기록된 재앙들을 그에게 더하실 것이요 만일 누구든지 이 두루마리의 예언의 말씀에서 제하여 버리면 하나님이 이 두루마리에 기록된 생명나무와 및 거룩한 성에 참여함을 제하여 버리시리라"(계 22:18-19)

하나님의 말씀을 전달하는 사람들은 하나님의 말씀을 전달할 때 혹시라도 자신의 생각과 지식과 경험을 말씀에 더하거나 빼는 것이 없는지 늘 자신을 살펴보아야 한다. 하나님의 말씀에 더하거나 빼는 사람들은 무서운 재앙과 심판이 기다린다는 것을 기억해야 한다.

갈라디아서에 보면, 초대교회 사도들에 의해 전파된 순수한 복음(福音)이 갈라디아 교회에서 불과 삼십 년도 채 지나지 않아 복음이 변질된 것을 보고 사도 바울이 무섭게 책망하는 것을 볼 수 있다.

"그리스도의 은혜로 너희를 부르신 이를 이같이 속히 떠나 다른 복음을 따르는 것을 내가 이상하게 여기노라 다른 복음은 없나니 다만 어떤 사람들이 너희를 교란하여 그리스도의 복음을 변하게 하려 함이라 그러나 우리나 혹은 하늘로부터 온 천사라도 우리가 너희에게 전한 복음 외에 다른 복음을 전하면 저주를 받을지어다."(갈 1:6-8)

사실 갈라디아 교회는 사도 바울의 제1차 선교 여행 때 세워진 교회이다. 갈라디아 사람들은 사도 바울을 통해 예수 그리스도의 복음을 듣고, 성령을 받았고, 침례를 받았다. 그런데 사도 바울이 전한 복음을 듣고 신앙생활을 잘하던 갈라디아 교회 성도들이 언제부터인가 예루살렘에서 온 율법주의자 유대인들에게 미혹되어 변질된 복음을 따르고 있었다. (여기서 율법주의자란, 똑같이 예수를 믿고 예수님의 가르침을 따르기도 하지만, 여전히 수천 년 동안 지켜온 모세의 율법과 전통도 지켜야 한다고 생각하는 개종(改宗)한 유대인 그리스도인들을 가리킨다.)

율법주의자들은 사도 바울의 가르침이 잘못된 것이라면서 예수 믿고, 성령 받고, 침례 받는 것도 중요하지만 더 중요한 것은 율법의 가르침을 따르는 것이라면서 할례를 받아야 된다는 것을 강조하였다.

그리하여 갈라디아 교회는 사도 바울이 전한 복음에 율법주의자 교사들의 가르침이 첨가됨에 따라 구원의 유일한 조건인 예수 믿는 믿음에 율법이 추가된 기이한 형태의 변질된 복음을 가르치고 있었다. 갈라디아 교회가 변질된 복음을 가르치고 있다는 것을 사도 바울이 알고 갈라디아 교회를 바로 잡기 위해 보낸 편지가 바로 갈라디아서이다.

사도 바울은 갈라디아서를 통해 '내가 전한 복음(福音)외에 다른 복음을 전하면 저주(詛呪)를 받게 될 것'이라고 강력하게 경고하면서 율법주의자들이 전하는 가르침에 대해서 잘못된 점을 자세히 지적하고 있다.

"이제는 너희가 하나님을 알 뿐 아니라 더욱이 하나님이 아신 바 되었거늘 어찌하여 다시 약(弱)하고 천박(淺薄)한 초등(初等)학문으로 돌아가서 다시 그들에게 종노릇 하려 하느냐 너희가 날(日)과 달(月)과 절기(節期)와 해(年)를 삼가 지키니 내가 너희를 위하

여 수고한 것이 헛될까 두려워하노라" (갈 4:9-11)

사도 바울이 말하는 약하고 천박한 초등 학문이란 율법을 의미하며, 모세의 율법은 예수 그리스도의 복음에 비하면 불완전하고, 미숙하고, 약하고, 무능하고, 미천한 초보 수준의 학문이라는 것이다.

"이와 같이 우리도 어렸을 때에 이 세상의 초등 학문 아래에 있어서 종노릇 하였더니" (갈 4:3)

"전에 있던 계명은 연약하고 무익하므로 폐하고 (율법은 아무것도 온전하게 못할지라)" (히 7:18-19)

그러나 사도 바울도 율법의 제한적인 역할에 대해서는 인정하고 있다. 율법이 어느 정도 창조주 하나님을 믿는 믿음의 기초 역할을 했다는 것이다.

"그런즉 율법은 무엇이냐 범법하므로 더하여진 것이라" (갈 3:19)

"그러면 율법이 하나님의 약속들과 반대되는 것이냐 결코 그럴 수 없느니라 만일 능히 살게 하는 율법을 주셨더라면 의가 반드시 율법으로 말미암았으리라" (갈 3:21)

"이같이 율법이 우리를 그리스도께로 인도하는 초등교사가 되어 우리로 하여금 믿음으로 말미암아 의롭다 함을 얻게 하려 함이라 믿음이 온 후로는 우리가 초등교사 아래에 있지 아니하도다." (갈 3:24-25)

여기서 말하는 초등교사란 어린아이를 돌보고 가르치는 유치원 선생정도의 역할을 말한다. 그러므로 사도 바울은 율법이 그리스도의 나타남을 위해 어느 정도 역할을 하기는 했지만, 율법으로는 죄 사함과 구원을 받을 수 없기에 율법주의자의 가르침을 배격해야 한다는 것이다.

이렇게 볼 때, 그리스도의 교회가 이 땅에 세워진 이후 약 이천 년이란 세월이 지나면서 사도적 복음이 얼마나 많이 변질되고, 다른 복음이 전파되는 일이 많이 있었겠는가. 오늘 우리는 다시 한 번 교회사 이천년 동안 복음이 변질된 부분은 없는지, 변질된 복음이 진리인 것처럼 뿌리를 내리고 있는 것은 아닌지, 성경을 자세히 살펴보아야 한다.

사람들이 살아가는 세상에는 항상 참과 거짓, 진짜와 가짜, 진리와 비진리가 공존하고 있기 때문에 어떤 것이 참이고 진짜인지를 구분하기가 쉽지 않지만, 오늘날 교회 안에서 가르쳐지고 전파되는 복음이 오리지널(Original)인지 변질된 비진리인지 그리스도인은 오직 성경을 통해서만 분별해야 한다.

그리스도인들은 진리의 성경 말씀에 대해 편향적이거나 맹인이 되거나 얼굴에 베일(수건)이 가려져 있다면 진리와 비진리를 분별하지 못하게 된다는 것을 깨달아야 한다.

"우리는 모세가 이스라엘 자손들에게 장차 없어질 것의 결국을 주목하지 못하게 하려고 수건(Veil)을 그 얼굴에 쓴 것같이 아니하노라 그러나 그들의 마음이 완고하여 오늘까지도 구약을 읽을 때에 그 수건이 벗겨지지 아니하고 있으니 그 수건은 그리스도 안에서 없어질 것이라 오늘까지 모세의 글을 읽을 때에 수건이 그 마음을 덮었도다 그러나 언제든지 주(主)께로 돌아가면 그 수건이 벗겨지리라 주는 영이시니 주의 영이 계신 곳에는 자유가 있느니라 우리가 다 수건을 벗은 얼굴로 거울을 보는 것같이 주의 영광을 보매 그와 같은 형상으로 변화하여 영광에서 영광에 이르니 곧 주의 영으로 말미암음이니라"(고후 3:13-18)

그러면 왜 사도적 복음이 변질되고 왜곡되었을까?

## 1. 유대인들의 개종 때문에 사도적 복음이 변질되었다.

초대교회 초창기에 수많은 유대인들이 유대교에서 개종(改宗)하여 예수 그리스도의 복음을 받아들이고 예수님을 믿었다. 그러나 이들이 진리의 복음의 교리를 약화시키고 변질시키는 원인이 되었다.

유대인들은 본래 모세의 율법을 엄격하게 준수하였기 때문에 그리스도인으로 개종(改宗)한 뒤에도 율법을 완전히 떨쳐버리지 못하고, 율법의 전통과 유전과 사상에 얽매여 예수 그리스도의 복음을 변질시켰다.

"바리새파 중에 어떤 믿는 사람들이 일어나 말하되 이방인에게 할례를 행하고 모세의 율법을 지키라 명하는 것이 마땅하다 하니라"(행 15:5)

율법을 철저히 지켜오던 바리새파 유대인들은 개종하여 예수를 믿으면서도 여전히 모세의 율법을 지켜야 한다고 주장하였다. 이처럼 생각이 한번 편향적으로 고정 관념으로 자리를 잡으면 잘 바뀌지 않는 것이 인간의 본성이다.

사도행전 15장에 보면, 초대교회의 사도와 장로들이 이방인의 할례 문제를 의논하러 모여 많은 논쟁과 변론을 하는 내용이 기록되어 있다.

"사도와 장로들이 이 일을 의논하러 모여 많은 변론(辯論)이 있은 후에 베드로가 일어나 말하되 형제들아 너희도 알거니와 하나님이 이방인들로 내 입에서 복음의 말씀을 들어 믿게 하시려고 오래 전부터 너희 가운데서 나를 택하시고" (행 15:6-7)

"그런데 지금 너희가 어찌하여 하나님을 시험하여 우리 조상과 우리도 능히 메지 못하던 멍에를 제자들의 목에 두려느냐" (행 15:10)

초대교회는 결국 예수님의 은혜로 구원 받은 사람들에게 율법의 멍에를 메게 하는 것이 합당하지 않다는 결론을 낸다. 그러나 그러면서도 율법에서 금지하는 몇 가지는 멀리하도록 조건을 단다.

"그러므로 내 의견에는 이방인 중에서 하나님께로 돌아오는 자들을 괴롭게 하지 말고 다만 우상(偶像)의 더러운 것과 음행(淫行)과 목매어 죽인 것과 피를 멀리 하라고 편지하는 것이 옳으니"(행 15:19-20)

이것은 불교나 유교 등 다른 종교에 오랫동안 심취해 있던 사람들이 기독교로 개종한 뒤에도 한동안은 과거에 심취해 있던 다른 종교의 교리나 가르침이나 사상을 버리지 못하는 것과 같은 이치이다.

"게바(베드로)가 안디옥에 이르렀을 때에 책망 받을 일이 있기로 내가 그를 대면하여 책망하였노라 야고보에게서 온 어떤 이들이 이르기 전에 게바가 이방인과 함께 먹다가 그들이 오매 그가 할례

자들을 두려워하여 떠나 물러가매 남은 유대인들도 그와 같이 외식(外飾)하므로 바나바도 그들의 외식에 유혹되었느니라 그러므로 나는 그들이 복음의 진리를 따라 바르게 행하지 아니함을 보고 모든 자 앞에서 게바에게 이르되 네가 유대인으로서 이방인을 따르고 유대인답게 살지 아니하면서 어찌하여 억지로 이방인을 유대인답게 살게 하려느냐 하였노라" (갈 2:11-14)

베드로가 이방인과 함께 음식을 먹다가 예루살렘에서 야고보가 보낸 유대인(할례자)들이 오자, 전통적으로 이방인과의 교제를 금기시하는 유대인들의 눈을 의식하여, 베드로는 이방인과 함께 있지 않았던 것처럼 꾸몄고(外飾), 그것을 본 바울이 베드로를 무섭게 책망했다는 것이다.

이렇게 유대인들의 개종과 유대교의 전통과 사상 때문에 예루살렘에서 시작된 사도적 복음이 갈라디아 교회에 와서 다른 복음으로 변질되었다면, 오늘 이 시대에는 복음이 얼마나 많이 왜곡되고, 잘못 가르쳐지고, 변질되었을지, 잘 분별하고 살펴보아야 하지 않겠는가?

## 2. 사탄의 역사 때문에 사도적 복음이 변질되었다.

사탄은 처음부터 하나님의 말씀을 변질시켰다. 사탄이 어떻게 하나님의 말씀을 변질시켰는지 역사를 찾아보자.

하나님은 인류의 첫 사람 아담을 흙으로 창조하시고, 생령(生靈)을 주시어 에덴동산에 살게 하셨다. 그리고 하나님은 아담에게 에덴동산에서 지킬 법령을 단 하나 주셨다.

아담이 에덴동산에서 지켜야 할 단 하나의 법령(法令)은 에덴동산 중앙에 있는 선악과를 먹지 말라는 것 하나였다.

"여호와 하나님이 그 사람(아담)에게 명하여 이르시되 동산 각종 나무의 열매는 네가 임의로 먹되 선악(善惡)을 알게 하는 나무의 열매는 먹지 말라 네가 먹는 날에는 반드시 죽으리라 하시니라" (창 2:16-17)

창조주 하나님께서는 아담을 에덴동산에 살게 하시면서 아담 혼자 사는 것이 좋지 않게 보여 아담의 갈빗대로 여자 하와를 만드시고 부부로 살게 하셨다.

그러던 어느 날 사탄(뱀의 형상을 입고)이 하와에게 접근하여 물었다.

"하나님이 참으로 너희에게 동산 모든 나무의 열매를 먹지 말라 하시더냐?"(창 3:1)

"여자가 뱀에게 말하되 동산 나무의 열매를 우리가 먹을 수 있으나 동산 중앙에 있는 나무의 열매는 하나님의 말씀에 너희는 먹지도 말고 만지지도 말라 너희가 죽을까 하노라 하셨느니라"(창 3:2-3)

여자(하와)가 대답하는 말을 들은 사탄은 '아, 하와는 하나님의 말씀을 의심하고 있구나!'라고 생각하고, 하와를 변절하게 만들려고 적극적으로 하와에게 선악과를 따먹도록 유혹한 것이다.

"뱀(사탄)이 여자에게 이르되 너희가 결코 죽지 아니하리라 너희가 그것을 먹는 날에는 너희 눈이 밝아져 하나님과 같이 되어 선

악을 알 줄 하나님이 아심이니라"(창 3:4-5)

사탄이 하나님의 말씀을 교묘히 변질시킨 것이다. 사탄의 말을 들은 하와가 결국 유혹에 넘어가고 만다.

"여자가 그 나무를 본즉 먹음직도 하고 보암직도 하고 지혜롭게 할 만큼 탐스럽기도 한 나무인지라 여자가 그 열매를 따먹고 자기와 함께 있는 남편에게도 주매 그도 먹은지라 이에 그들의 눈이 밝아 자기들이 벗은 줄을 알고 무화과나무 잎을 엮어 치마로 삼았더라" (창 3:6-7)

이처럼 사탄은 하나님의 말씀을 변질시켜 인간들을 속이려고 갖은 수단과 방법을 다 동원한다는 것을 깨달아야 한다. 그러므로 그리스도인은 절대로 성경66권의 말씀에 대해 의심을 가지면 안 되고, 성경 66권의 말씀이 신앙의 기준이 되어야 한다. 사람의 가르침에 기준을 두는 것은 굉장히 위험하다. 오늘날 신앙생활을 하는 그리스도인들이 성경 말씀에 신앙의 기준을 두지 않고 누구의 가르침에 어느 교파에 어느 교주의 어느 교회의 가르침에 기준을 두는것은 굉장히 위험한 신앙이다.

사탄은 지금도 진리의 말씀을 배우려는 사람들의 마음과 생각과 눈을 혼미케 하려고 노린다는 것을 깨달아야 한다.

### 3. 진리를 찾는 자가 많지 않기 때문에 사도적 복음이 변질되었다.

21세기 현대를 살아가는 세상 사람들의 관심은 진리가 아니다.

진리는 이미 거추장스러운 액세서리가 되었다. 사람들은 세상에서 어떻게 하면 돈 많이 벌어 좋은 집에서 잘 먹고 잘 입고 잘 살까에 대한 생각에만 골똘해 있다.

"너희는 예루살렘 거리로 빨리 다니며 그 넓은 거리에서 찾아보고 알라 너희가 만일 정의를 행하며 진리(眞理)를 구(求)하는 자를 한 사람이라도 찾으면 내가 이 성읍을 용서하리라" (렘 5:1)

예루살렘이란 어떤 성읍인가? 예루살렘이란 성읍은 지구상에서 하나님을 가장 잘 믿는다는 백성들이 사는 성읍이 아닌가? 그런 예루살렘 성읍에서 정의를 행하며 진리를 찾는 자가 없다면 다른 이방 나라 도시는 어떻겠는가?

그래서 창세기 18장에 보면 소돔과 고모라 성에 의인 열 사람이 없어서 유황불에 멸망당하지 않았는가?

예루살렘과 소돔과 고모라 성에 진리를 찾는 자가 없었다면, 오늘 우리가 살아가는 혼탁한 이 시대에 정말로 진리(眞理)를 찾는 자가 얼마나 될까? 우리 자신을 살펴보아야 한다.

이처럼 세상에는 진리에 관심을 갖고, 진리를 찾는 자가 많지 않기 때문에 진리의 말씀이 변질되고 변형되어 말세의 시대는 더욱 거짓 복음이 도처에서 전파되고 있는 것이다.

현재 전 세계에 개신교, 가톨릭, 동방 정교회, 성공회 등 기독교인들의 수를 모두 합하면 20억 명이 넘는다고 한다. 그런데 예수 믿는다고 하는 사람들 가운데 정말 진리에 대해 관심을 갖고 있는 사람들이 얼마나 될까? 오늘날 교회에 다니는 사람들 중에는 진리에 대한 관심보다 신앙생활을 하나의 액세서리처럼 생각하고 교회에 다니는 사람들도 많다.

진리란 영원히 변함이 없고, 옳고, 참인 것이 진리이다. 그래서 솔로몬 왕은 "진리(眞理)를 사되 팔지는 말며 지혜와 훈계와 명철도 그리할지니라"(잠 23:23)라고 했다.

"율법은 모세로 말미암아 주어진 것이요, 은혜와 진리(眞理)는 예수 그리스도로 말미암아 온 것이라" (요 1:17)

"내가 진리를 말하므로 너희가 나를 믿지 아니하는도다." (요 8:45)

예수님께서 오셔서 진리를 말씀하시는데, 유대인들이 믿지 않았다는 것이다.

또 예수님께서 빌라도에게 "내가 이를 위하여 태어났으며 이를 위하여 세상에 왔나니 곧 진리에 대하여 증언하려 함이로다"(요 18:37)라고 하시니, 빌라도가 "진리가 무엇이냐?"(요 18:38)라고 반문한 것처럼, 사실 오늘날 세상 사람들은 믿는 사람들이나, 믿지 않는 사람들이나 진리에 대해 별로 관심이 없다. 오로지 어떻게 하면 세상에서 권력누리고 쾌락과 향락을 누리고 돈 많이 벌어 잘 먹고 잘 살까에 만 관심을 갖고 있다.

그러므로 우리 그리스도인들은 진정 진리가 무엇인지 관심을 가져야 한다.

"하나님은 모든 사람이 구원을 받으며 진리를 아는 데에 이르기를 원하시느니라" (딤전 2:4)

사도 바울은 디모데에게 "너는 진리의 말씀을 옳게 분별하며 부끄러울 것이 없는 일꾼으로 인정된 자로 자신을 하나님 앞에 드리기를 힘쓰라"(딤후 2:15)라고 권고하고 있다.

그러나 어떤 사람들은 항상 배우지만 진리의 지식에 이르지 못하는 사람들도 있다는 것이다.

"항상 배우나 끝내 진리의 지식에 이를 수 없느니라" (딤후 3:7)

하나님께서는 성도들이 진리 안에서 신앙생활 하는 것을 기뻐하신다.

"형제들이 와서 네게 있는 진리를 증언하되 네가 진리 안에서 행한다 하니 내가 심히 기뻐하노라 내가 내 자녀들이 진리 안에서 행한다 함을 듣는 것보다 더 기쁜 일이 없도다." (요삼 1:3-4)

그러므로 우리 그리스도인들은 진리가 무엇인지 깨닫고 진리를 찾아야 한다.

"그러므로 우리가 여호와를 알자 힘써 여호와를 알자"(호 6:3)라고 호소하는 호세아의 외침을 가슴에 새겨야 한다.

"주 여호와의 말씀이니라 보라 날이 이를지라 내가 기근을 땅에 보내리니 양식이 없어 주림이 아니며 물이 없어 갈함이 아니요 여호와의 말씀을 듣지 못한 기갈이라" (암 8:11)

아모스 선지자는 말세에 진리의 말씀을 찾지 못하는 영적 기근이 온다는 것이다.


### 4. 선지자들의 거짓 예언 때문에 사도적 복음이 변질되었다.

사도적 복음이 변질되게 된 이유 중의 하나는 이천년 동안 사역자로 세움을 받은 목회자와 예수 믿는다고 하는 사람들의 거짓 예언 때문이다.

"이 땅에 무섭고 놀라운 일이 있도다 선지자들은 거짓을 예언하며 제사장들은 자기 권력으로 다스리며 내 백성은 그것을 좋게 여기니 마지막에는 너희가 어찌 하려느냐?" (렘 5:30-31)

"이는 그들이 가장 작은 자로부터 큰 자까지 다 탐욕을 부리며 선지자로부터 제사장까지 다 거짓을 행함이라" (렘 6:13)

"내가 그들을 보내지 아니하였어도 그들이 내 이름으로 거짓을 예언함이라 여호와의 말씀이니라" (렘 29:9)

"거짓 선지자가 많이 일어나 많은 사람을 미혹하겠으며" (마 24:11)

말세에는 특별히 거짓 선지자, 거짓 삯꾼, 거짓 목회자들이 많이 나타난다는 것이다. 거짓 목회자들이 거짓을 예언하니 진리가 변질될 수밖에 없다.

그래서 사도 요한은 "사랑하는 자들아 영(靈)을 다 믿지 말고, 오직 영들이 하나님께 속하였나 분별하라 많은 거짓 선지자가 세상에 나왔음이니라"(요일 4:1)라고 경고하였다.

성도들은 거짓 선지자를 분별할 수 있는 능력이 있어야 한다.

거짓 선지자들의 첫 번째 특징은, 거짓으로 예언한다는 것이다.

거짓 선지자들은 하나님의 음성을 들었다고 말하기도 하고, 하나님께 예언을 받았다고 말하기도 하며, 꿈으로 계시를 받았다 말하기도 하며 성도들을 미혹한다.

"내 이름으로 거짓을 예언하는 선지자들의 말에 내가 꿈을 꾸었다 꿈을 꾸었다고 말하는 것을 내가 들었노라" (렘 23:25)

「현대어 성경」 "여호와께서 거짓 예언자들에 대하여 다시 말씀
하셨다. 이런 예언자들이 지껄이는 허튼소리를 내가 다 들었다. 그
들은 '내가 꿈을 꾸었다. 내가 꿈에 주님의 말씀을 들었다'고 주장
함으로써 자기들이 주님의 말씀을 받아서 예언하는 자들이라고 사
람들에게 선전하고 있다. 그러나 그들이 말하는 것은 모두 거짓말
이며 속임수이다." (렘 23:25)

"만군의 여호와께서 이와 같이 말씀하시되 너희에게 예언하는
선지자들의 말을 듣지 말라 그들은 너희에게 헛된 것을 가르치나
니 그들이 말한 묵시는 자기 마음으로 말미암은 것이요 여호와의
입에서 나온 것이 아니니라" (렘 23: 16)

"여호와의 말씀이라 그러므로 보라 서로 내 말을 도둑질하는 선
지자들을 내가 치리라 여호와의 말씀이니라 보라 그들이 혀를 놀
려 여호와가 말씀하셨다 하는 선지자들을 내가 치리라 여호와의
말씀이니라 보라 거짓 꿈을 예언하여 이르며 거짓과 헛된 자만으
로 내 백성을 미혹하게 하는 자를 내가 치리라 내가 그들을 보내지
아니하였으며 명령하지 아니하였나니 그들은 이 백성에게 아무 유
익이 없느니라 여호와의 말씀이니라" (렘 23:30-32)

성경에는 거짓으로 예언하는 선지자들, 거짓으로 말씀을 선포하
며 예언하여 성도들을 미혹하는 목자들이 무수히 많음을 가르치고
있다. 그러므로 말세에 예수 믿는 진실 된 그리스도인들은 진리의
영을 분별하며 잘 못 가르치는 거짓 선지자와 거짓 교사들을 분별
하는 은사가 있어야 한다.

거짓 선지자들의 두 번째 특징은 자기 권력(權力)으로 다스린다

는 것이다.

다시 말하면 주의 종이라는 특권(特權)과 명분(名分)이라는 권력으로 내 말을 안 들으면 저주받는다고 공갈하고 엄포하며 다스리는 목회자는 거짓 목자다.

거짓 선지자들의 거짓 예언과 거짓 목자와 삯군 목자의 거짓 예언 때문에 사도적 복음의 변질이 온 것이다.

### 5. 참 선지자의 방관 때문에 사도적 복음이 변질되었다.

한 나라에 부정부패와 부조리가 난무할 때, 진실 된 사람은 침묵을 지키기도 한다는 것처럼, 복음이 변질되고 비진리가 난무할 때, 참 선지자(목사), 주의 종의 방관은 더 뿌리 깊은 복음의 변질을 가져오기도 했다.

"아모스가 아마샤에게 대답하여 이르되 나는 선지자가 아니며 선지자의 아들도 아니라 나는 목자요 뽕나무를 재배하는 자로서"
(암 7:14)

아모스 선지자는 자기는 선지자가 아니라며, 북이스라엘의 참담한 상황을 보고도 예언을 하지 않겠다는 것이다. 참 선지자가 방관하고 침묵할 때, 나라의 부패와 부조리는 더 심해지고, 종교는 더 변질되게 된다.

"내가 다시는 여호와를 선포하지 아니하며 그의 이름으로 말하지 아니하리라 하면 나의 마음이 불붙는 것 같아서 골수에 사무치니 답답하여 견딜 수 없나이다." (렘 20:9)

예레미야 선지자가 여호와를 선포하지 않겠다는 이유는, 유다 나라의 부패와 우상 숭배와 비진리가 성행하고, 참 선지자를 핍박하므로 다시는 하나님의 말씀을 선포하지 않겠다고 마음에 다짐을 하고 있었다.

그런데 예레미야 선지자가 하나님의 말씀을 선포하지 않겠다고 마음을 먹으면, 오히려 마음이 불붙는 것 같아서 답답하여 견딜 수 없다고 고백한다.

엘리야 선지자도 아합 왕의 폭정에 그릿 시냇가로 숨어들어갔다.

참 선지자의 방관은 진리의 변질과 왜곡을 가져오게 되고, 나라는 더 부정부패해지고 백성들의 삶은 더 참혹해진다.

그래서 어느 시대나 참선지자는 자기 사명을 다해야 한다.

## 결론

사도 바울은 내가 전한 복음 외에 다른 복음을 전하면 천사라도 저주(詛呪)를 받게 될 것이라고 경고하였다. 사도 바울 시대에 벌써 복음이 변질되었다면, 이 땅에 복음이 전파되고 교회가 세워진 지 이천년이 넘은 오늘 이 시대에는 복음이 얼마나 더 변질되었겠는가? 살펴보고, 점검하고, 깨닫기를 바란다.

그리스도인들은 사람들이 전하는 가르침을 무조건 받아들이지 말고, 성경적으로 진리의 복음인지 자세히 살펴보아야 한다.

"여호와께서 이같이 말씀하시되 너희는 길에 서서 보며 옛적 길 곧 선한 길(진리)이 어디인지 알아보고 그리로 가라" (렘 6:16)

그리스도인은 오늘날 전파되는 복음이 진리인지 변질된 복음인지 살펴보는 안목과 능력이 있어야 한다. 오늘날 교회에서 전파되는 복음이 초대교회 사도(使徒)들이 전한 복음과 똑같아야 진리의 복음이다. 우리는 이천년 전에 사도들이 전한 복음에 일점일획도 가감(加減)하거나, 더하거나 빼면 안 된다.

사도들이 전한 복음과 다르면 변질된 복음이다. 변질된 복음을 전하면 사도 바울의 증언과 같이 저주를 받게 된다.

내가 지금 받아드리고 믿는 복음이 성경적으로, 영적으로 맞는지 자세히 살펴보아야 한다. 변질된 복음은 배척하고, 진리의 복음을 붙잡고 끝까지 신앙생활에 승리하시고 본서에 관심 가지시고 애독해 주신 모든 분들께 깊이 감사드리며 늘 창조주 하나님의 은총이 함께 하시기를 축원합니다.